国家“主动健康和老龄化科技应对”重点专项“人体运动促进健康个性化精准指导方案关键技术研究”（2018YFC2000600）

全身振动训练对绝经后女性身体成分的影响

QUANSHEN ZHENDONG XUNLIAN DUI JUEJINGHOU NVXING SHENTI CHENGFEN DE YINGXIANG

陈晓红　著

北京体育大学出版社

策划编辑　赵海宁
责任编辑　赵海宁
责任校对　韩培付
版式设计　李沙沙

图书在版编目(CIP)数据

全身振动训练对绝经后女性身体成分的影响/陈晓红著. --北京:北京体育大学出版社,2020.8
ISBN 978-7-5644-3359-8

Ⅰ.①全… Ⅱ.①陈… Ⅲ.①运动训练-影响-女性-体质-研究 Ⅳ.①G808.17②R195.2

中国版本图书馆CIP数据核字(2020)第151765号

全身振动训练对绝经后女性身体成分的影响　　陈晓红　著

出版发行:北京体育大学出版社
地　　址:北京市海淀区农大南路1号院2号楼4层办公B-421
邮　　编:100084
网　　址:http://cbs.bsu.edu.cn
发 行 部:010-62989320
邮 购 部:北京体育大学出版社读者服务部010-62989432
印　　刷:北京建宏印刷有限公司
开　　本:710mm×1000mm　1/16
成品尺寸:170mm×240mm
印　　张:8.25
字　　数:138千字
版　　次:2020年8月第1版
印　　次:2020年8月第1次印刷
定　　价:42.00元

前　言

人的身体成分包括脂肪、肌肉、骨骼、内脏器官及其他组织。随着年龄的增加，中老年人的身体成分也发生相应的变化，如脂肪量的增加、肌肉量的减少、骨矿物质含量的下降等，易出现如血压升高、血糖和血脂升高、腰腹部脂肪堆积过多等现象，表现为肥胖，心、脑血管病，骨质疏松等发病率急剧增加。对绝经后女性而言，由于雌激素缺乏，更容易出现脂肪堆积、骨质疏松、肌少症等一系列病症，严重影响绝经后女性的身心健康和生活质量，也给家庭、社会带来沉重的经济负担。随着全国人口老龄化程度的日益加深，这一不良现象日渐普遍。

全身振动训练（whole body vibration training，WBV）作为一种特殊的力学刺激方式，通过振动平台产生的机械负荷刺激作用于肌肉、骨骼的感受器，产生类似于力量训练的效果。它的优势在于通过短时的练习，调动大量的肌肉参与收缩，增加对骨骼的压力刺激，获得较普通训练方式更好的训练效果。由于这种锻炼方式具有风险低、耐受性好、身体虚弱的人也可采用等优点，更适用于中老年人。因此，如果能将此方式运用于改善中老年人的身体成分，将会有广阔的应用前景。

然而，根据既往研究报道，全身振动训练干预身体成分和骨密度的研究结果存在较大差异，此差异可能与多种因素有关，如全身振动训练方案（全身振动训练的频率、振幅、持续时间）、人群特征（年龄、性别）等存在差异。与此同时，研究者亦发现，全身振动训练对于不同个体的干预效果也不尽相同，分析其原因可能与个体在身体成分相关基因的多态位点存在差异有关。由此，本研究假设：

全身振动训练对身体成分的干预效果可能会受到身体成分相关基因多态性的影响，而这些相关基因多态位点可能是决定全身振动训练干预效果的敏感分子标记，可通过敏感分子标记的生物功能分析，尝试探索这些分子标记影响全身振动训练效果的相关分子机制。

基于此，本研究选择绝经后女性为研究对象，对其进行规律的全身振动训练，探讨全身振动训练对绝经后女性身体成分和骨密度的干预效果；通过比对不同基因型在全身振动训练前后身体成分指标（脂肪、瘦体重、骨密度）的变化，筛选全身振动训练敏感分子标记；通过阳性分子标记的生物功能研究，阐明不同基因型对相关基因表达的影响，以及全身振动训练干预效果个体差异产生的分子机制。此研究不仅有助于从遗传因素角度阐释全身振动训练效果存在个体差异的原因，还有助于人们了解个体化差异产生的分子机制，为个性化全身振动训练指导方案的制订提供更准确的实验依据。

目 录 Contents

1　绝经后女性身体成分、骨密度变化特征的研究

随着绝经这一特殊的生理过程出现，女性会出现身体脂肪量增加、肌肉量下降等显著变化。与此同时，骨健康状况也会逐渐下降，如骨密度（bone mineral density，BMD）下降、骨矿物质含量（bone mineral content，BML）减少、骨结构退化等，这些均与目前中老年女性居高不下的骨折率有密切关系。既往研究表明，年龄及绝经年限、绝经年龄、初潮年龄等月经特征与骨密度密切相关[1-4]，身体脂肪量和瘦体重量等身体成分特征亦与骨密度存在显著的相关性[5-9]，但鲜有研究对其进行综合分析。本研究通过对绝经前后女性骨量、身体成分的测试，以及月经状况的问卷调查，采用方差分析、相关分析和多元逐步回归分析，评价各指标间的关系，了解围绝经期及绝经后女性身体成分和骨密度的变化特征，并分析身体成分特征、月经特征与骨密度的相关性，阐明月经特征和身体成分特征与骨密度的关系，为制订更有效的骨质疏松防控措施提供理论依据。

1.1　研究对象与方法

1.1.1　研究对象

本研究选取 45～80 岁女性为研究对象。排除标准：患有内分泌系统及生殖系统疾病（如糖尿病、甲状腺功能亢进症、甲状旁腺机能亢进症、慢性肾衰竭、子宫切除术、卵巢切除术等）者，长期服用类固醇激素、雌激素、雌激素受体调节剂、钙剂、双磷酸盐、活性维生素 D、降钙素等药物者。最终纳入 384 名受试者，将受试者按绝经年限分为以下几组：未绝经组、绝经 0～5 年组、绝经 6～10 年组、绝经 11～15 年组、绝经 16 年以上组；以四肢骨骼肌质量指数（appendicular skeletal muscle mass index，ASMI）5.40 kg/m^2 为界值将受试者分为低四肢骨骼肌质量指数组和高四肢骨骼肌质量指数组（亚洲老年人肌少症工作组认为老年人 ASMI < 5.40 kg/m^2 是低骨骼肌质量[10]）。

1.1.2 骨密度、身体成分测试方法

以韩国 JENIX DS—102 型身高体重计测试受试者身高和体重。以美国 GE 公司生产的 lunar prodigy 型双能 X 射线吸收法（dual energy X - ray absorptiometry，DXA）骨密度仪测试腰椎 2 ~ 4（lumbar 2 - 4，L2 - L4）、左股骨颈、左髋以及全身的骨密度，并测试全身的脂肪量（fat mass，FM）、全身瘦体重量（lean body mass，LBM）以及左、右上肢及左、右下肢瘦体重量。每日实验前以随机附带的模块对骨密度进行质量控制检测，计算受试者脂肪含量百分比（Percent of fat mass，FM% = FM/体重 × 100%）、瘦体重含量百分比（percent of lean body mass，LBM% = LBM/体重 × 100%）、体重指数（body mass index，BMI = 体重/身高^2）、脂肪指数（fat mass index，FMI = FM/身高^2）、瘦体重指数（lean body mass index，LBMI = LBM/身高^2）、四肢骨骼肌质量（appendicular skeletal muscle mass，ASM = 四肢瘦体重含量之和）、四肢骨骼肌质量指数（appendicular skeletal muscle mass index，ASMI = ASM/身高^2）。

1.1.3 问卷调查

采用自制调查表了解受试者月经特征，主要包括初潮时间、月经周期、行经时间、绝经年龄以及绝经年限。

1.1.4 数据统计方法

所有数据采用 SPSS 19.0 统计软件进行统计分析，所测数据结果用均数 ± 标准差（mean ± SD）表示。采用 Pearson 相关分析各因素与不同部位骨密度的关系；以与骨密度具有显著相关的因素为自变量，如年龄、月经特征（初潮年龄、绝经年龄、绝经年限）和身体成分特征（BMI、FMI、LBMI、ASMI），以各部位骨密度为因变量建立多元逐步回归模型，分析各种因素与不同部位骨密度的关系；采用单因素方差分析和独立样本 t 检验，分析比较各组之间各指标的差异，方差平齐时采

用 LSD 进行事后检验，方差不平齐时采用 Tamhane's T2 进行事后检验。

1.2　研究结果

1.2.1　受试者的基本情况

本研究中，384 名受试者年龄为 45 ~ 77 岁，平均年龄为 58.5 ± 6.6 岁；体重为 41.5 ~ 86.0 kg，平均体重为 61.1 ± 8.3 kg；身高为 141.7 ~ 173.5 cm，平均身高为 157.4 ± 5.4 cm；BMI 为 17.3 ~ 34.6 kg/m^2，平均 BMI 为 24.6 ± 3.2 kg/m^2。

1.2.2　不同绝经年限受试者身体成分特征比较

随着绝经时间的延长，受试者身高、体重逐渐下降，各组之间出现显著差异；各组之间 BMI 无显著差异；各组之间 FM、FM% 和 FMI 均无显著差异；各组之间 LBM、LBMI 有显著差异，LBM% 无显著差异；各组之间 ASM 和 ASMI 有显著差异（表 1 – 1）。

表 1 – 1　不同绝经年限受试者身体成分变化特点

参数	组别					p 值
	未绝经 (n = 45)	绝经 0 ~ 5 年 (n = 98)	绝经 6 ~ 10 年 (n = 104)	绝经 11 ~ 15 年 (n = 86)	绝经 16 年以上 (n = 51)	
年龄/y	49.2 ± 3.2	53.9 ± 2.7**	58.4 ± 3.6**	62.8 ± 3.7**	68.3 ± 3.9**	< 0.001
体重/kg	62.6 ± 8.8	61.9 ± 7.6	61.8 ± 8.2	59.9 ± 9.0	58.6 ± 7.5	0.055
身高/cm	157.7 ± 4.8	159.0 ± 5.5	157.1 ± 5.4	157.2 ± 5.4	155.1 ± 5.0	0.001
BMI/ (kg/m^2)	25.2 ± 3.5	24.5 ± 2.7	25.1 ± 3.2	24.3 ± 3.5	24.4 ± 2.9	0.304
FM/kg	22.4 ± 6.1	22.8 ± 5.2	23.1 ± 5.9	22.1 ± 6.0	20.9 ± 5.0	0.238
FMI/ (kg/m^2)	9.0 ± 2.4	9.0 ± 2.0	9.4 ± 2.4	8.9 ± 2.4	8.7 ± 2.0	0.484
FM/%	35.2 ± 5.2	36.5 ± 4.7	36.8 ± 5.4	36.3 ± 5.4	35.3 ± 4.6	0.227
LBM/kg	37.7 ± 3.5	36.9 ± 3.6	36.6 ± 3.5	35.9 ± 4.0	35.8 ± 3.2	0.032
LBMI/ (kg/m^2)	15.2 ± 1.4	14.6 ± 1.2*	14.8 ± 1.3	14.5 ± 1.5	14.9 ± 1.2	0.035
LBM/%	60.9 ± 5.1	59.9 ± 4.6	59.7 ± 5.3	60.3 ± 5.3	61.5 ± 4.5	0.218

续表

参数	组别					p 值
	未绝经 (n=45)	绝经 0~5 年 (n=98)	绝经 6~10 年 (n=104)	绝经 11~15 年 (n=86)	绝经 16 年以上 (n=51)	
ASM/kg	16.0±1.6	15.3±1.7*	14.9±1.7	14.6±1.8	14.3±1.4	0.000
ASMI/ (kg/m²)	6.4±0.6	6.0±0.5*	6.0±0.5	5.9±0.6	5.9±0.6	<0.001

注：* $p<0.05$，** $p<0.01$，与前一组相比。

1.2.3 不同绝经年限受试者骨密度比较

单因素方差分析结果显示，不同绝经年限受试者腰椎、左股骨颈、左髋以及全身骨密度均有显著差异，随着绝经年限的延长，各部位骨密度均逐渐下降。事后检验结果显示，绝经 0~5 年、绝经 6~10 年、绝经 11~15 年三个组别中，两两之间均有显著差异，而绝经 16 年以上者与绝经 11~15 年者之间各部位骨密度均无显著差异（表 1-2）。以未绝经受试者骨密度为基线进行比较，绝经 5 年受试者腰椎、左股骨颈、左髋和全身骨密度分别下降 9.90%、5.73%、7.79%、5.05%。

表 1-2 不同绝经年限受试者骨密度变化特点

参数	组别					p 值
	未绝经 (n=45)	绝经 0~5 年 (n=98)	绝经 6~10 年 (n=104)	绝经 11~15 年 (n=86)	绝经 16 年以上 (n=51)	
腰椎 BMD/ (g/cm²)	1.244±0.125	1.119±0.163**	1.068±0.137*	0.999±0.182**	0.958±0.148	<0.001
左股骨颈 BMD/ (g/cm²)	1.244±0.125	0.888±0.123*	0.843±0.118	0.776±0.103**	0.744±0.097	<0.001
左髋 BMD/ (g/cm²)	1.244±0.125	0.935±0.158**	0.900±0.112*	0.836±0.107**	0.813±0.108	<0.001
全身 BMD/ (g/cm²)	1.244±0.125	1.090±0.091**	1.050±0.082**	1.011±0.087**	0.983±0.075	<0.001

注：* $p<0.05$，** $p<0.01$，与前一组相比。

1.2.4 不同 ASMI 等级受试者骨密度比较

独立样本 t 检验结果显示，低 ASMI 受试者腰椎、左股骨颈、左髋以及全身骨密度均显著低于高 ASMI 者，控制绝经年限后，两组之间仍有显著差异（表 1-3）。

表 1-3 不同 ASMI 等级受试者骨密度变化特点

组别	例数	参数			
		腰椎 BMD/(g/cm^2)	左股骨颈 BMD/(g/cm^2)	左髋 BMD/(g/cm^2)	全身 BMD/(g/cm^2)
低 ASMI 组 (ASMI < 5.40 kg/m^2)	45	0.947 ± 0.224	0.736 ± 0.116	0.776 ± 0.116	0.958 ± 0.085
高 ASMI 组 (ASMI ≥ 5.40 kg/m^2)	339	1.088 ± 0.161**	0.851 ± 0.121**	0.912 ± 0.130**	1.067 ± 0.091**

注：** $p < 0.01$，与低 ASMI 组相比。

1.2.5 受试者的月经特征参数及与各部位骨密度的相关性

本研究中，受试者月经初潮年龄为 8~20 岁，平均月经初潮年龄为 14.8 ± 2.0 岁；绝经年龄为 44~62 岁，平均绝经年龄为 50.3 ± 3.0 岁；绝经年限为 0~28 年，平均绝经年限为 8.4 ± 6.4 年。Pearson 相关分析结果显示，年龄和绝经年限与身体各部位骨密度均呈显著负相关，初潮年龄和绝经年龄仅与腰椎和全身骨密度具有显著相关性，与左股骨颈和左髋骨密度无显著相关性（表 1-4）。

表 1-4 受试者月经特征参数及与各部位骨密度的相关性

参数/y	mean ± SD	Pearson 相关系数			
		腰椎 BMD/(g/cm^2)	左股骨颈 BMD/(g/cm^2)	左髋 BMD/(g/cm^2)	全身 BMD/(g/cm^2)
年龄	58.5 ± 6.6	-0.384**	-0.478**	-0.426**	-0.473**
绝经年限	8.4 ± 6.4	-0.477**	-0.504**	-0.455**	-0.539**

续表

参数/y	mean ± SD	Pearson 相关系数			
		腰椎 BMD/(g/cm^2)	左股骨颈 BMD/(g/cm^2)	左髋 BMD/(g/cm^2)	全身 BMD/(g/cm^2)
初潮年龄	14.8 ±2.0	-0.136*	-0.088	-0.102	-0.164**
绝经年龄	50.3 ±3.0	0.258**	0.063	0.076	0.188**

注：$*p<0.05$，$**p<0.01$。

1.2.6 受试者身体成分特征参数与各部位骨密度的相关性

本研究中，受试者身体成分特征参数及与骨密度 Pearson 相关分析结果显示，FM、LBM、ASM、FMI、LBMI 和 ASMI 与身体各部位骨密度均呈显著正相关（表 1－5）。

表 1－5 受试者身体成分特征参数及与各部位骨密度的相关性

参数/kg	mean ± SD	Pearson 相关系数			
		腰椎 BMD/(g/cm^2)	左股骨颈 BMD/(g/cm^2)	左髋 BMD/(g/cm^2)	全身 BMD/(g/cm^2)
FM	22.4 ±5.7	0.235**	0.230**	0.284**	0.401**
LBM	36.5 ±3.6	0.312**	0.324**	0.317**	0.436**
ASM	15.0 ±1.8	0.373**	0.367**	0.353**	0.486**
FMI	9.1 ±2.3	0.194**	0.179**	0.260**	0.351**
LBMI	14.7 ±1.3	0.209**	0.208**	0.274**	0.325**
ASMI	6.0 ±0.6	0.320**	0.301**	0.351**	0.438**

注：$*p<0.05$，$**p<0.01$。

1.2.7 各相关因素与骨密度的多元逐步回归分析

根据上述相关性分析结果，本研究选择与骨密度显著相关的参数为自变量，如年龄、绝经年限、初潮年龄、绝经年龄、LBMI、ASMI、FMI，以腰椎、左股骨颈、左髋和全身骨密度为因变量进行多元逐步回归分析，结果显示，绝经年限和 ASMI 是影响身体各部位骨密度的主要因素，而初潮年龄、绝经年龄和 FMI 仅对部分部位骨密度有影响，年龄和 LMI 对各部位骨密度都没有显著影响（表 1 -6）。

表 1 -6 骨密度影响因素的多元逐步回归分析

参数	腰椎			左股骨颈			左髋			全身		
	β	非标准化 β	95% CI	β	非标准化 β	95% CI	β	非标准化 β	95% CI	β	非标准化 β	95% CI
绝经年限	-0.009	-0.342	-0.011, -0.006	-0.009	-0.436	-0.011, -0.007	-0.008	-0.344	-0.010, -0.005	-0.006	-0.414	-0.008, -0.005
ASMI	0.069	0.246	0.041, 0.097	0.049	0.220	0.027, 0.071	0.053	0.221	0.027, 0.079	-0.044	0.268	0.028, 0.060
FMI	—	—	—	—	—	—	0.010	0.164	0.003, 0.016	0.009	0.228	0.005, 0.013
初潮年龄	-0.011	-0.134	-0.018, -0.003	—	—	—	—	—	—	-0.005	-0.103	-0.009, -0.001
绝经年龄	0.008	0.150	0.003, 0.013	—	—	—	—	—	—	—	—	—
LMI	—	—	—	—	—	—	—	—	—	—	—	—
年龄	—	—	—	—	—		—	—		—	—	—
R	0.528			0.520			0.507			0.651		
R^2	0.279			0.270			0.257			0.424		
修正 R^2	0.269			0.266			0.249			0.416		
p 值	<0.001			<0.001			<0.001			<0.001		

注："—" 是没有进入回归方程的参数，没有数值。

1.3 分析与讨论

1.3.1 绝经后女性身体成分及骨密度变化特征分析

既往研究表明，普通成年人身体脂肪量随年龄增加呈上升趋势，18 ~ 60 岁成年男性身体脂肪含量从 22% 增加到 31%，18 ~ 55 岁成年女性身体脂肪含量则从

28% 增加到 36% [11]。男性在 60 ~ 69 岁，女性在 50 ~ 59 岁时，身体脂肪含量达到最高值[12]。女性绝经后，随着体内雌激素水平的下降，身体脂肪含量上升明显[13]。本研究中，随着绝经时间的延长，受试者身高、体重逐渐下降，各组之间出现显著差异；各组之间 BMI 无显著差异；各组之间 FM、FM% 和 FMI 均无显著差异。由此可见，随着绝经时间的延长，本研究受试者并未出现身体脂肪量以及脂肪率的改变，其原因可能与本研究为横断面研究，仅能对身体脂肪变化特征进行初步判断有关，亟待进一步的追踪研究予以证实。

人体的瘦体重亦随年龄出现规律性的变化，在生长发育期随年龄增加逐渐增加，成年期比较稳定，老年期则随年龄的增加而逐渐减少。随着年龄的增加，人类骨骼肌出现不可避免的萎缩，肌肉纤维的丢失大约出现在 50 岁，至 80 岁时，机体大约丢失 50% 的肌肉含量。本研究中，各组之间 LBM、LBMI 均有显著差异，未绝经者与绝经 5 年内受试者差异显著；各组之间 ASM 和 ASMI 有显著差异，未绝经者与绝经 5 年内受试者差异显著。由此可见，绝经后女性全身肌肉量，特别是四肢肌肉量显著下降，并且，绝经初期（5 年内）是身体肌肉量的快速下降期。

绝经后女性是骨质疏松的高发人群，究其原因与绝经所导致的体内雌激素水平下降密不可分。本研究中，不同绝经年限受试者腰椎、左股骨颈、左髋以及全身骨密度均有显著差异，随着绝经年限的延长，各部位骨密度均逐渐下降。事后检验结果显示，绝经 0 ~ 5 年、绝经 6 ~ 10 年、绝经 11 ~ 15 年三个组别中，两两之间均有显著差异，而绝经 16 年以上者与绝经 11 ~ 15 年者之间各部位骨密度均无显著差异。由此可见，绝经后女性在绝经 15 年内骨密度显著下降，以绝经 5 年内最为显著；在绝经 16 年后骨密度下降速度渐缓。以未绝经受试者骨密度为基线进行比较，绝经 0 ~ 5 年组受试者腰椎、左股骨颈、左髋和全身骨密度下降百分比计算结果分别为 9.90%、5.73%、7.79%、5.05%，其中腰椎骨密度下降程度最大。

1.3.2 绝经后女性骨密度影响因素分析

骨质疏松是绝经后女性的常见病，骨密度作为一种诊断骨质疏松的指标已被广泛认可[1,14]。既往研究认为，年龄、月经特征以及身体成分特征与骨密度关系密切，任何单一因素都无法独立预测骨量的下降，因此在评估骨密度的影响因素时，要考虑多种因素对骨密度的综合影响效应，但鲜有研究对其进行综合分析。本研究中，对年龄、月经特征和身体成分特征与围绝经及绝经后女性身体各部位骨密度进行相关和回归分析，相关分析结果显示，年龄、月经特征和身体成分特征与骨密度均显著相关；多元逐步回归分析结果显示，年龄、月经特征和身体成分特征可以解释绝经后女性全身骨密度42%的变异量，可以解释腰椎骨密度28%、左股骨颈骨密度27%、左髋骨密度26%的变异量，其中，绝经年限是各部位骨密度的主要影响因素。不同部位骨密度的影响因素亦有所不同，如腰椎骨密度，除了受绝经年限和ASMI的影响，也受初潮年龄和绝经年龄的影响；而左髋和全身骨密度，除了受绝经年限和ASMI的影响，还受到FMI的影响。

1.3.2.1 年龄及月经特征对各部位骨密度的影响

既往研究报道，年龄和绝经年限均与骨密度密切相关[1-2]，但有关两者对骨密度影响程度的比较鲜有报道，正因如此，既往有关绝经后女性骨密度的研究中，一部分以年龄为界进行组别划分，另一部分以绝经年限为界进行组别划分。本研究结果显示，腰椎、左股骨颈、左髋和全身骨密度与绝经年限呈显著负相关（$r = -0.477$，-0.504，-0.573，-0.455，-0.538，$p < 0.01$），与年龄亦呈显著负相关，但相关性略弱（$r = -0.384$，-0.478，-0.550，-0.426，-0.473，$p < 0.01$）。为了进一步分析绝经年限和年龄对骨密度的影响程度，本研究将年龄和绝经年限作为自变量同时纳入多元逐步回归方程进行分析，结果显示，绝经年限是身体各部位骨密度主要的影响因素，与身体各部位骨密度均呈负相关，而年龄因素未进入各回归方程。进而对不同绝经年限女性骨密度的分析也发现，各部位骨密度在绝经后开始显著下降，但绝经0~5年、绝经6~10年、绝经11~15年受试者之间均存在显著差异，而绝经16年以上者与绝经11~15年者之间各部位骨密度均无显著差异。由此可见，对于绝经后女性而言，绝经年限是影响身体各部位骨密度的主要因素，在绝经15年内骨密度显著下降，以绝经5年内最为显著；在绝经16年后骨密度下降速度渐缓。

除了绝经年限，初潮年龄和绝经年龄也是影响骨密度的主要因素，初潮越晚，骨密度越低，初潮较晚女性腰椎骨质疏松症的发生率显著高于初潮较早者，可能与青春期雌激素水平影响骨量峰值有关[15]；绝经越早，骨密度越低，可能与绝经后雌激素水平显著下降有关[3,15]。但也有研究者认为，初潮年龄和绝经年龄与骨密度无显著相关性[16]。本研究中，相关性分析结果显示，初潮年龄、绝经年龄与腰椎及全身骨密度具有显著相关性。多元逐步回归分析结果显示，初潮年龄仅与腰椎骨密度呈负相关，绝经年龄与腰椎和全身骨密度呈正相关，两者与左股骨颈、左髋骨密度无显著相关性。由此可见，初潮年龄和绝经年龄对骨密度的影响存在部位差异，腰椎骨密度受初潮年龄和绝经年龄的影响更大，其原因可能与腰椎为松质骨，其更容易受到体内雌激素水平的影响有关[17]，初潮越早，绝经越晚，身体维持高雌激素水平的时间越长，腰椎骨密度则越高。此外，本研究对不同绝经年限受试者骨密度的比较亦发现，腰椎骨密度在绝经后 5 年内下降速率最大，达 9.90%，高于左股骨颈、左髋和全身骨密度在绝经 5 年内下降速率，可能也与松质骨易受到体内雌激素的影响有关。

1.3.2.2 身体成分特征对各部位骨密度的影响

人体主要由肌肉、脂肪、骨骼和水分等成分构成，本研究采用 DXA 骨密度仪对人体进行扫描，将体重的构成分为脂肪组织含量、肌肉组织含量和骨矿物质含量，考虑到身材对全身脂肪量和肌肉量的影响，本研究引入身体成分的相对值 FMI 和 LBMI，分析其与各部位骨密度关系。由于身体肌肉并非均匀分布在全身，老年人随着年龄的增加，四肢肌肉量更容易出现下降[18]，因此，本研究把四肢骨骼肌质量指数作为变量之一，分析其与骨密度的关系。结果显示，FMI、LBMI 和 ASMI 与身体各部位骨密度均呈显著正相关。多元逐步回归分析显示，ASMI 与身体各部位骨密度均呈显著正相关，LBMI 对身体各部位骨密度均无显著影响，FMI 对骨密度的影响存在部位差异性，仅与左髋和全身骨密度相关，对腰椎和左股骨颈骨密度无显著影响。

众所周知，肌肉和骨骼之间存在密切关系，肌肉通过神经内分泌系统和机械力对骨骼产生影响[19-21]。既往研究中，多是分析 LBMI 和 LBM 与骨密度的关系，较少报道 ASMI 与骨密度的关系。本研究中，LBMI 与身体各部位骨密度均呈显著正相关（$r=0.312$，0.324，0.226，0.317，0.436，$p<0.01$），与既往研究结果一致[6-8]；ASMI 与腰椎、左股骨颈、左髋和全身骨密度也呈显著正相关，且相关性高于 LMI 与骨密度的相关性（$r=0.373$，0.367，0.295，0.353，0.486，$p<0.01$）。而以年龄、绝经年限、绝经年龄、初潮年龄、FMI 等因素为自变量的多元逐步回归分析表明，ASMI 与身体各部位骨密度均呈显著正相关，而 LMI 对各部位骨密度均无显著影响。由此可见，与全身肌肉量相比，四肢肌肉量可以更好地解

释绝经前后女性骨密度的变异度，是骨密度显著的保护因素。既往 ASMI 与骨密度的相关报道较少，且结果并不一致。有研究者对老年男性的研究发现，在“校正年龄、全身肌肉和握力多元逐步回归模型”中，ASMI 与髋部和股骨颈骨密度呈正相关[22-23]。吴小宝等[24]的研究则发现，在校正年龄、BMI 和握力后，ASMI 与绝经后女性骨密度无显著相关性。对中国人的另一项研究结果显示，在校正年龄、BMI、高血压、2 型糖尿病、吸烟状况和饮酒后的多元线性回归模型中，女性 ASMI 和骨密度没有显著相关性[25]。推测研究结果的差异可能来自研究方案设计的差异，即多元回归分析中变量的选择以及建模方法的选择，若选择的变量间存在多重共线性可能会增大模型误差，会将一些重要变量排除在外。而多元逐步回归分析可在一定程度上修正变量间的多重共线性现象，使回归方程中始终只保留重要的变量，从而建立最优回归模型[26]。此外，研究对象的人群特征不同，如年龄、性别等，也是造成研究结果差异的原因之一。考虑到 ASMI 和骨密度的显著相关性，本研究进一步比较了不同 ASMI 组受试者的骨密度差异，结果显示，低 ASMI 组受试者腰椎、左股骨颈、左髋和全身骨密度均显著低于正常 ASMI 组，控制绝经年限后，两组之间仍存在显著差异。由此可见，四肢肌肉量的减少不仅与肌少症的发生有关，其在骨质疏松的发生发展中也可能起着重要作用，增加四肢肌肉量可能对老年人肌少症和骨质疏松的防治具有重要意义。由于本研究是一个横断面调查，ASMI 与骨密度的确切关系亟待进一步的纵向研究予以阐明，本研究结果提示我们进一步进行有关四肢肌肉量与骨质疏松防治的相关研究的必要性。

此外，脂肪也是影响骨密度的因素之一，但有关脂肪量对骨密度影响的研究结果并不一致。有研究者认为脂肪量仅与股骨颈 BMD 呈正相关[27]，也有研究者认为脂肪量是腰椎 BMD 的最重要决定因素[5]。还有一些学者认为，身体脂肪量与骨密度没有显著相关性[28-29]。仅有较少研究评估了 FMI 与骨密度的关系，蔡思清等[30]的研究发现，高 FMI 女性具有较高的股骨颈、髋部和腰椎骨密度。本研究中，相关性分析结果显示，FMI 与各部位骨密度均呈显著正相关，多元逐步回归分析表明，FMI 对腰椎和左股骨颈骨密度的贡献率相对较小，未产生显著性影响，仅与左髋和全身骨密度有关。这些研究结果之间存在差异可能来自研究设计，也可能与脂肪组织对骨密度的影响较为复杂有关。有研究认为，高的脂肪含量会使骨骼承受更重的机械负荷，从而促进骨形成，使骨密度增加[9]；也有研究认为，脂肪组织中的芳香化酶可将雄激素转化为雌激素，通过影响骨代谢增加骨密度[31]。此外，脂肪的分布特征可能也是影响骨密度的因素之一[32]。脂肪组织含量对不同部位骨密度的影响亟待进一步的研究予以阐明。

1.4 小结

随着绝经年限的延长，女性的骨密度及肌肉含量逐渐下降。绝经年限和四肢骨骼肌质量指数是绝经后女性骨密度的独立影响因素，绝经年限越长、四肢骨骼肌质量指数越低，骨密度越低；绝经年龄、初潮年龄以及全身脂肪含量指数对绝经后女性骨密度的影响存在部位差异性。

1.5 文献综述

1.5.1 人体身体成分的组成

众所周知，体重是身体骨骼、肌肉、皮下脂肪及内脏器官等的总和，它反映人体的形态结构以及生长发育水平。这些成分不是杂乱无章堆砌的，诸多组成成分之间存在一定的规律。1992 年，王（Wang）等[33]提出了人体组成的五层次模型。这个模型把人体组成成分归纳为五个层次，即元素、分子、细胞、组织—器官和整体层次。在元素层次上，人体由五十多种元素组成，身体质量等于各种元素质量的总和。在分子层次上，人体由十万多种化合物组成，如水、蛋白质、脂质、矿物质和糖类。在细胞层次上，人体大约含 40 万亿个细胞。在组织—器官层次上，人体有四类组织，即肌肉组织、结缔组织、上皮组织及神经组织。人体的体重可以认为是全身所有组织重量之和，也可以认为是全身所有器官重量之和。在整体层次上，人体由头、颈、上肢、下肢、躯干组成，人体的质量可以认为是所有这些部分的重量之和。

人体组成的各个层次之间、各个组分之间既是不同的，又是相互联系的，由此构成了完整的人体组成图像。脂肪组织、骨骼以及骨骼肌在人体组成学研究中特别重要，因为这些成分的比例和量失调，会影响到人体的健康。双能 X 射线吸收法（DXA）可将人体区分为骨矿物质含量、脂肪组织量以及瘦体重量三种组分。已知人体内的脂肪组织、矿物质和瘦组织对同一能量的X线的吸收率有很大差别，同一组分对不同能量的X射线的吸收率也有很大差别。DXA的原理是以高低两种能量的X线对机体进行扫描，根据其穿透机体产生衰减程度的差异，较好地区别机体的骨组织、肌肉组织、脂肪组织，准确地测定骨密度和身体成分，已被公认为是身体成分和骨密度定量分析的“金标准”[34]。

瘦体重主要成分为水、蛋白质和软组织矿物质。1996年，有研究者以25名成年男性为受试者，观察到以CT为标准测定的全身骨骼肌质量，与以DXA方法测定的肢体瘦体重含量之间高度相关（$R^2=0.90$，$p<0.001$）[35]。因此，人身体成分相关研究中，常用DXA方法测得的瘦体重含量代表身体的骨骼肌含量。

由于BMC在人体的含量较低，而且身体体型的大小对骨矿物质含量有明显影响，因此，在临床及科学研究中，更倾向采用骨密度（bone mineral density，BMD）评价人体的骨矿物质含量变化。在本研究中，全身振动训练对骨矿物质含量的影响亦采用骨密度来评价。

1.5.2 年龄、性别对身体成分的影响

在人体内部和外部种种因素的作用下，人体各组成成分的含量以及组成成分的比例不断发生着变化，这些变化会导致人体出现生理和病理反应。

成年人身体脂肪含量随年龄增加呈上升趋势，不同性别的增长速度不同。梁蕾等[11]的研究表明，随着年龄增加，18～60岁成年男性身体脂肪含量从22%增加到31%，18～55岁成年女性身体脂肪含量则从28%增加到36%。男性在60～69岁，女性在50～59岁时脂肪含量达到最高值[12]。国外的研究发现，男性的总含量的增长速度为0.37 kg/y，女性约为0.41 kg/y[36]。身体脂肪含量的变化与身体活动量降低有关，也与女性绝经期有关。女性绝经后，随着体内雌激素水平的下降，身体脂肪含量上升明显[13]。

与健康相关的不仅是身体脂肪含量，还有身体脂肪的分布。身体脂肪的分布特征也与年龄、性别有关。国外资料显示，从青春期开始，男孩躯干部位的皮下脂肪组织开始蓄积，女孩臀、大腿部位的皮下脂肪组织开始蓄积。相同体重指数下，男性脂肪主要分布在躯干部，女性脂肪主要分布在臀部和大腿，从而造成成

年期男女体型的显著区别，即“苹果形（android）”体型和“梨形（gyneoid）”体型[37]。研究也发现，各年龄组间肢体远端的脂肪量无显著性差异，而身体躯干部位，特别是腹部的脂肪量随年龄增加显著增加[38]。对 35～65 岁丹麦人的研究发现，男性腰臀比随年龄增加逐渐增加，直到 55 岁；而女性腰臀比，随年龄的增加主要集中在 55 岁以后[39]。因此，更年期是女性内脏脂肪蓄积的一个关键时期。女性绝经后，脂肪重新分布，皮下脂肪减少，内脏脂肪增加，导致女性出现腹型肥胖、血脂升高等[13,40-41]，这些变化导致中老年女性心、脑血管发病率明显增加。

人体的瘦体重亦随年龄的增长出现规律性的变化。生长发育期，瘦体重随年龄的增加逐渐增加，成年期比较稳定，老年期则随年龄的增加而逐渐减少。随着年龄的增加，人类骨骼肌出现不可避免的萎缩，肌肉纤维的丢失大约出现在 50 至 80 岁时，机体大约丢失 50% 的肌肉含量。随着肌纤维的丢失，中老年人会出现身体虚弱、行动不便、跌倒等现象，并可导致与年龄相关的慢性病（如骨质疏松、2 型糖尿病、胰岛素抵抗、肥胖等）发生的危险增加。对运动员及久坐老年人的研究发现，一些训练方案虽可以减缓与年龄相关的肌肉萎缩、无力及疲劳感，但无法遏制肌肉萎缩的发生，而且肌肉纤维萎缩的比例很大程度上取决于个体日常体力活动水平[42]。20 世纪末，老年人骨骼肌含量加速下降的现象引起了人们的关注，有研究者在 1997 年首先引用希腊词汇“sarcopenia”来描述与年龄相关的骨骼肌质量下降，中文翻译为“肌少症”，它不仅导致中老年人活动度减少、身体功能障碍，还会进一步影响肌肉力量，是影响老年人行动和独立生活的一个主要因素[43-44]。老年人骨骼肌减少的同时，如伴随出现脂肪含量明显增加，这种状态被称为“骨骼肌减少性肥胖”[45-46]。随着老龄化的发展，骨骼肌减少性肥胖的发病率逐年增加，其对老年人机体功能的损伤比单纯的肌肉减少症或肥胖都严重，更应得到关注。

人体骨骼处在不停的骨生成和骨吸收的转化过程中，从幼儿期、儿童期到青少年时期，骨形成大于骨吸收，骨量逐渐增加，一般在 25～35 岁，骨矿物质含量和骨密度达到最高值，称之为峰值骨量[47]。骨骼达峰值后，随着年龄的增加骨矿物质逐渐流失，骨量逐渐降低。女性骨密度的下降较男性更为迅速，骨丢失的速度与雌激素水平的降低成正比，在绝经后的前 3 年，骨密度下降最为显著[48]。因此，绝经后女性更容易罹患骨量减少和骨质疏松症。

绝经后女性骨质脆弱，加之肌肉力量、平衡能力下降，使其跌倒、骨折等的发生率明显增加，严重影响绝经后女性的健康水平和生活质量，也增加了社会和家庭的经济负担。体育锻炼被认为是防治肌少征、肥胖以及骨质疏松的有效方法。有氧、负重和阻力训练都是很常用的改善身体成分的方法[49-51]。然而，高强度的运动增加了心血管疾病的发病风险，特别是老年人[52]。与此同时，传统的锻炼方式也存在运动强度大、运动方法不易掌握等局限性，使锻炼的依从性大大降低。因此，人们正着力寻找一种风险较低、易坚持、易操作的替代方法。

【参考文献】

[1]刘语涵,李莉,梁德,等. 围绝经期女性骨密度特点分析[J]. 中国骨质疏松杂志,2019,25(7):954-958.

[2]毛未贤,张萌萌,马倩倩,等. 长春地区女性骨密度与年龄、绝经年限、体重指数的相关性研究[J]. 中国骨质疏松杂志,2016,22(9):1083-1086.

[3]FRANCUCCI CM,ROMAGNI P,CAMILLETTI A,et al. Effect of natural early menopause on bone mineral density [J]. Maturitas,2008,59(4):323-328.

[4]李慧林,朱汉民. 初潮及绝经年龄等因素与绝经后骨质疏松症发病的关系[J]. 中华妇产科杂志,2005,40(12):796-798.

[5]SHENG ZF,XU K,OU YN,et al. Relationship of body composition with prevalence of osteoporosis in central south Chinese postmenopausal women[J]. Clinical Endocrinol(Oxf),2011,74(3):319-324.

[6]GENARO P S,PEREIRA G A,PINHEIRO M M,et al. Influence of body composition on bone mass in postmenopausal osteoporotic women[J]. Archives Gerontol Geriatrics,2010,51(3):295-298.

[7]TANIGUCHIi Y,MAKIZAKO H,KIYAMA R,et al. The Association between Osteoporosis and Grip Strength and Skeletal Muscle Mass in Community-Dwelling Older Women[J]. Int J Environ Res Public Health,2019,16(7):1-8(1228).

[8]LOCQUET M,BEAUDART C,REGINSTER J Y,et al. Association Between the Decline in Muscle Health and the Decline in Bone Health in Older Individuals from the SarcoPhAge Cohort[J]. Calcif Tissue Int,2019,104(3):273-284.

[9]王昌军,尹宏. 肌肉组织和脂肪组织对绝经后女性骨密度及骨强度的影响及作用机制[J]. 中国骨质疏松杂志,2019,25(10):1502-1507.

[10]CHEN L K,WOO J,ASSANTACHAI P,et al. Asian Working Group for Sarcopenia:2019 Consensus Update on Sarcopenia Diagnosis and Treatment[J]. J of the Am Med Dir Assoc,2020,21(3):300-307.

[11]梁蕾,王蕴红. 北京市委机关工作人员身体成分的调查报告[J]. 首都体育学院学报,2006,18(2):55-57.

[12]袁中满,吴秋莲,谢金球,等. 广州地区健康成年汉族人群身体组成成分调查[J]. 中国组织工程研究与临床康复,2007,11(30):5986-5988.

[13]HONG S C,YOO S W,CHO G J,et al. Correlation between estrogens and serum adipocytokines in premenopausal and postmenopausal women[J]. Menopause,2007,14(5):835-840.

[14]TUCCI J R,TONINO R P,EMKEY R D,et al. Effect of three years of oral alendronate treatment in postmenopausal women with osteoporosis[J]. Am J Med,1996,101(5):488-501.

[15]张萌萌,张维奇,梁斌斌,等. 13629 例女性初潮年龄、生育次数、绝经年限与骨密度相关性研究[J]. 中国骨质疏松杂志,2010,16(3):170-172.

[16]姜剑魁,宋晓燕. 绝经后妇女的生殖特征和骨密度相关性研究[J]. 中国骨质疏松杂志,2019,25(3):330-333.

[17]陈晓红,郑陆,于召栋. 不同持续时间中等强度运动对去卵巢大鼠骨量及骨微结构的影响[J]. 中国运动医学杂志,2015,34(6):571-577.

[18]CAWTHON P M,PETERS K W,SHARDELL M D,et al. Cutpoints for low appendicular lean mass that identify older adults with clinically significant weakness[J]. The Journals of Gerontology A Biol Sci Med Sci,2014,69(5):567-575.

[19]KAWAO N,KAJI H. Interactions between muscle tissues and bone metabolism[J]. J Cell Biochem,2015,116(5):687-695.

[20]TAGLIAFERRI C,WITTRANT Y,DAVICCO M J,et al. Muscle and bone,two interconnected tissues [J]. Ageing Res Rev,2015,21:55-70.

[21]REIDER L,BECK T,ALLEY D,et al. Evaluating the relationship between muscle and bone modeling response in older adults[J]. Bone,2016,90:152-158.

[22]PEREIRA F B,LEITE A F,PAULA A P. Relationship between pre-sarcopenia,sarcopenia and bone mineral density in elderly men[J]. Arch Endocrinol Metab,2015,59(1):59-65.

[23]KIRCHENGAST S,HUBER J. Sex-specific associations between soft tissue body composition and bone mineral density among older adults[J]. Ann Hum Biol,2012,39(3):206-213.

[24]吴小宝,陈微,周超. 肌肉强度和肌肉质量与绝经后女性骨密度的相关性研究[J]. 中国骨质疏松杂志,2019,25(7):942-946.

[25]QI H,SHENG Y,CHEN S,et al. Bone mineral density and trabecular bone score in Chinese subjects with sarcopenia[J]. Aging Clin Exp Res,2019,31(11):1549-1556.

[26]杨梅,肖静,蔡辉. 多元分析中的多重共线性及其处理方法[J]. 中国卫生统计,2012,29(4):620-624.

[27]DYTFELD J,IGNASZAK-SZCZEPANIAK M,GOWIN E,et al. Influence of lean and fat mass on bone mineral density(BMD) in postmenopausal women with osteoporosis[J]. Arch Gerontol Geriatr,2011,53(2):237-242.

[28]ZHAO L J,JIANG H,PAPASIAN C J,et al. Correlation of obesity and osteoporosis:effect of fat mass on the

determination of osteoporosis[J]. J Bone Miner Res,2008,23(1):17 – 29.

[29]KIRCHENGAST S,PETERSON B,HAUSER G,et al. Body composition characteristics are associated with the bone density of the proximal femur end in middle – and old – aged women and men[J]. Maturitas,2001,39(2):133 – 145.

[30]蔡思清,颜丽笙,李毅中,等. 人体脂肪组织对骨密度的影响[J]. 中国骨质疏松杂志,2018,24(2):161 – 164.

[31]FRISCH R E. Body fat,menarche,fitness and fertility[J]. Hum Reprod,1987,2(6):521 – 533.

[32]SAARELAINEN J,HONKANEN R,KROGER H,et al. Body fat distribution is associated with lumbar spine bone density independently of body weight in postmenopausal women[J]. Maturitas,2011,69(1):86 – 90.

[33]WANG Z M,PIERSON R N,HEYMSFIELD S B. The five – level model:a new approach to organizing body – composition research[J]. Am J Clin Nutr,1992,56(1):19 – 28.

[34]WATTS N B. Fundamentals and pitfalls of bone densitometry using dual – energy X – ray absorptiometry (DXA)[J]. Osteoporos Int,2004,15(11):847 – 854.

[35]WANG Z M,VISSER M,MA R,et al. Skeletal muscle mass:evaluation of neutron activation and dual – energy X – ray absorptiometry methods[J]. J Appl Physiol(1985),1996,80(3):824 – 831.

[36]GUO S S,ChUMLEA W C,ROCHE A F,et al. Age – and maturity – related changes in body composition during adolescence into adulthood:the Fels Longitudinal Study[J]. Int J Obes Relat Metab Disord,1997,21(12):1167 – 1175.

[37]DESPRES J P,TREMBLAY A,NADEAU A,et al. Physical training and changes in regional adipose tissue distribution[J]. Acta Med Scand Suppl,1988,723:205 – 212.

[38]BEMBEN M G,MASSEY B H,BEMBEN D A,et al. Age – related patterns in body composition for men aged 20 – 79 yr[J]. Med Sci Sports Exerc,1995,27(2):264 – 269.

[39]HEITMANN B L. Body fat in the adult Danish population aged 35 – 65 years:an epidemiological study[J]. Int J Obes,1991,15(8):535 – 545.

[40]TCHERNOF A,POEHLMAN E T,DESPRES J P. Body fat distribution,the menopause transition,and hormone replacement therapy[J]. Diabetes Metab,2000,26(1):12 – 20.

[41]PARK J K,LIM Y H,KIM K S,et al. Body fat distribution after menopause and cardiovascular disease risk factors:Korean National Health and Nutrition Examination Survey 2010[J]. J Womens Health(Larchmt),2013,22(7):587 – 594.

[42]FAULKNER J A,LARKIN L M,CLAFLIN D R,et al. Age – related changes in the structure and function of skeletal muscles[J]. Clin Exp Pharmacol Physiol,2007,34(11):1091 – 1096.

[43]LAURETANI F,RUSSO C R,BANDINELLI S,et al. Age – associated changes in skeletal muscles and their effect on mobility:an operational diagnosis of sarcopenia[J]. J Appl Physiol(1985),2003,95(5):1851 – 1860.

[44]MARCUS R L,ADDISON O,DIBBLE L E,et al. Intramuscular adipose tissue,sarcopenia,and mobility func-

tion in older individuals[J]. J Aging Res,2012,6:629 – 637.

[45]BAUMGARTNER R N. Body composition in healthy aging[J]. Ann N Y Acad Sci,2000,904:437 – 448.

[46]ROUBENOFF R. Sarcopenic obesity: does muscle loss cause fat gain? Lessons from rheumatoid arthritis and osteoarthritis[J]. Ann N Y Acad Sci,2000,904:553 – 557.

[47]MORA S,GILSANZ V. Establishment of peak bone mass[J]. Endocrinol Metab Clin North Am,2003,32(1): 39 – 63.

[48]CANN C E, MARTIN M C, GENANT H K, et al. Decreased spinal mineral content in amenorrheic women [J]. JAMA,1984,251(5):626 – 629.

[49]JURCA R,LAMONTE M J,BARLOW C E,et al. Association of muscular strength with incidence of metabolic syndrome in men[J]. Med Sci Sports Exerc,2005,37(11):1849 – 1855.

[50]TSUZUKU S,KAJIOKA T,ENDO H,et al. Favorable effects of non – instrumental resistance training on fat distribution and metabolic profiles in healthy elderly people[J]. Eur J Appl Physiol,2007,99(5):549 – 555.

[51]SCHMITZ K H,HANNAN P J,STOVITZ S D,et al. Strength training and adiposity in premenopausal women: strong,healthy,and empowered study[J]. Am J Clin Nutr,2007,86(3):566 – 572.

[52]KALLINEN M,MARKKU A. Aging,physical activity and sports injuries. An overview of common sports injuries in the elderly[J]. Sports Med,1995,20(1):41 – 52.

2 3个月全身振动训练对绝经后女性脂肪、瘦体重的影响

随着年龄的增加，人类身体成分出现特征性变化，肌肉纤维大约在50岁开始丢失，骨骼肌出现不可避免的萎缩，至80岁时，机体大约丢失50%的肌肉含量[1-3]。随之而来便是身体虚弱、行动不便，跌倒等风险增加，并导致与年龄相关的慢性病（如骨质疏松、2型糖尿病、胰岛素抵抗、肥胖等）发生的危险增加。有氧运动、负重练习以及抗阻练习是公认的防治肌少症、肥胖的常用方法[4-6]。然而，对中老年人而言，高强度的运动势必增加骨骼、肌肉以及心血管相关疾病的发病风险[7]。因此，人们正着力寻找一种风险较低的替代方法。全身振动训练（whole body vibration training，WBV）是一种新型的抗阻训练方式，其原理是通过振动平台的连续快速振动，使骨骼肌出现连续的向心和离心收缩，增加对肌肉和骨骼的刺激，抑制脂肪的生成[8-9]。本研究选取北京市社区绝经后健康女性为受试对象，观察全身振动训练对其身体脂肪、瘦体重的影响。

2.1 研究对象与方法

2.1.1 研究对象

从北京社区招募55~65岁健康女性，绝经3年以上，问诊排除心脏病、脑血管病、糖尿病及内分泌、生殖系统疾病，以及近6个月内曾服用过影响骨代谢、脂代谢等药物者，并排除全身振动训练禁忌证，［有心、脑血管病，癫痫及结石者；体内有植入物或者心脏支架者；安装心脏起搏器者；过去6个月有血栓史者；关节外伤、骨折、肌肉拉伤未愈者；各种手术未愈者；腰椎间盘突出或滑脱，腰椎神经管狭窄或压迫者；患有痛风、类风湿者；有严重平衡障碍或眩晕者；药物控制

下，血压高于 21.3/13.3 kPa（160/100 mmHg）或收缩压小于 12 kPa（90 mmHg）]。最终，选取符合以上标准者 90 名［（58.2 ±4.5）y］作为受试对象，考虑到全身振动训练敏感基因型的筛选需要更多的振动组受试者，本研究将 90 名受试者按 1∶2 的比例分为对照组（$n = 30$）和振动组（$n = 60$）。

2.1.2 问卷调查及身体成分测试方法

所有受试者完成自行设计的调查问卷，内容包括年龄、绝经时间、疾病史、用药史、运动史等因素。

在实验开始前以及结束后分别测量受试者的身高、体重以及身体成分。受试者身高、体重的测定均由同一个测试者完成，测试采用单盲测试（测试者不知道分组情况）。身体成分的测试采用美国 GE 公司生产的 lunar prodigy 型双能 X 射线 DXA 骨密度仪，测试指标包括全身脂肪百分比（FM%），全身瘦体重百分比（LBM%），下肢、躯干及全身脂肪量（FM）和下肢、躯干及全身瘦体重量（LBM）。测试前以随机附带的模块对骨密度仪进行质量控制检测。

2.1.3 全身振动训练方案

振动组受试者接受为期 3 个月的全身振动训练，全身振动训练时要求受试者屈膝 165°左右站立振动平台（Power Plate pro 5 AIR daptive，USA）上，每周 3 次，每次 30 min（振动 1 min，休息 1 min，重复 15 次，振动频率为 30 Hz，振幅为 2 mm）；对照组无任何干预，保持日常生活习惯不变。振动组受试者除每周进行 3 次全身振动训练外，保持其他生活习惯不变。为保证训练效果，有专人对其进行跟踪训练，受试者每次进行训练时需签到，组织者根据签到情况督促训练，保证受试者的出勤率。定期进行简易的体质测试（如血压、腹部脂肪、闭目单足站立时间等测试），增加受试者的兴趣和参与度。振动组完成每周 3 次的全身振动训练，对照组无任何干预，实验期间要求对照组和振动组受试者均保持日常生活习惯不变。定期为受试者进行饮食健康的宣教，注意饮食平衡，避免出现受试者节食或暴饮暴食等影响干预效果。在实验期间，采用 ActiGraph GT3X + 加速度计（ActiGraph，Ft. Walton Beach，USA）测量受试者一周的体力活动水平，以平均每分钟加速度计数（vector magnitude counts/min）作为评价指标。

全身振动方案的设计通过查阅文献获得。既往研究认为，为了最大限度地获得机械刺激的传导，研究者通常采用的频率为15～35 Hz[10]；对骨适应性改变的调控研究发现，分次给予刺激的效果显著优于连续给予刺激的效果[11,13]；每次连续振动的时间最多不能多于10 min，受试者应膝盖弯曲保持半蹲姿势以减少对头部的振动[14]。因此，本研究采用30 Hz屈膝间歇振动的训练方案。

2.1.4　体力活动水平测试方法

采用ActiGraph GT3X+加速度计（ActiGraph，Ft. Walton Beach，USA）测量研究对象的体力活动水平。研究对象连续佩戴加速度计7天，除洗澡和游泳外不能摘除，以每天最少佩戴10 h、至少佩戴3天为有效数据。为避免中老年人摘下仪器后忘记佩戴，嘱研究对象睡觉时仍需佩戴。依据Freedson Adult VM（2011）确定的加速度计数界值对体力活动强度进行界定，如≤2 690 counts/min为低强度体力活动（light intensity physical activity，LPA），2 691～6 166 counts/min为中等强度体力活动（moderate intensity physical activity，MPA），≥6 167 counts/min为高强度体力活动（vigorous intensity physical activity，VPA）。加速度数据导出后，选取中高强度体力活动（moderate－vigorous intensity physical activity，MVPA）时间评价中老年人的体力活动情况。

2.1.5　数据统计方法

所有数据采用SPSS 19.0统计软件进行统计分析，所测数据结果用均数±标准差（mean±SD）表示。对照组与振动组实验前基础指标差异比较采用独立样本 t 检验；对照组和振动组受试者实验前后各指标的差异比较采用配对样本 t 检验。为进一步分析对照组和振动组受试者测试指标变化的差异，以受试者实验前的基础指标作为协变量，进行协方差分析（anulysis of covariance，ANCOVA）。所有的统计检验均采用双侧检验，显著性水平为 $p<0.05$，非常显著性水平为 $p<0.01$。

2.2 研究结果

2.2.1 受试者基本情况

3 个月实验结束时，78 名受试者完成了全部实验（振动组 55 名，对照组 23 名），12 名受试者（10 名受试者由于个人原因，2 名受试者因在实验过程中出现头晕副反应）退出本研究。受试者纳入、排除及流失情况见图 2－1。

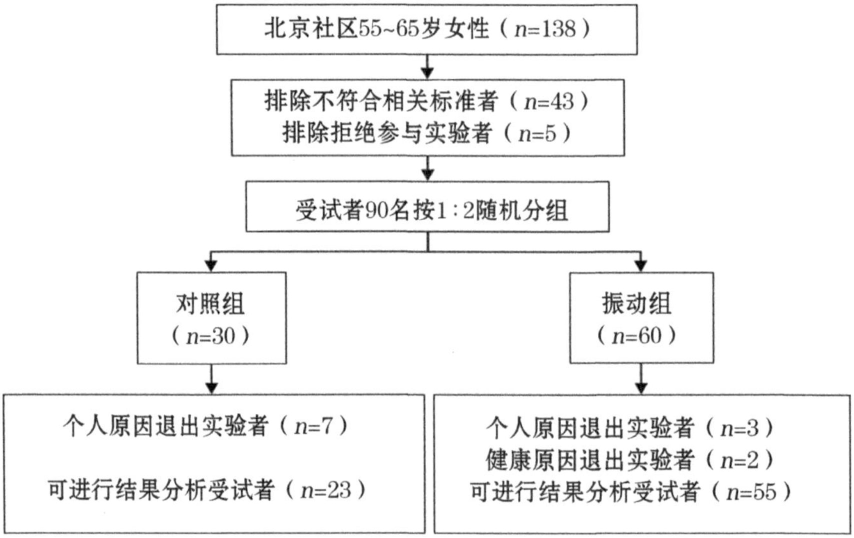

图 2－1 受试者纳入、排除及流失情况

2.2.2 受试者各项指标的基础值

对对照组和振动组受试者各项指标的基础值进行独立样本 t 检验，结果表明，对照组和振动组的年龄、身高、体重、体重指数（BMI）等各项指标无显著差异；对照组和振动组总体力活动水平无显著差异（表 2－1）。

表2-1　受试者身体成分指标的基础值

参数	对照组（$n=23$）	振动组（$n=55$）	p 值
年龄/y	57.13 ±3.79	58.87 ±4.70	$p>0.05$
身高/cm	159.87 ±5.08	158.82 ±5.74	$p>0.05$
体重/kg	62.60 ±9.57	60.95 ±8.04	$p>0.05$
BMI/（kg/m^2）	24.50 ±3.58	24.18 ±3.07	$p>0.05$
体力活动水平	779.73 ±128.94	761.62 ±179.27	$p>0.05$

2.2.3　3个月振动训练对全身脂肪、瘦体重指标的影响

各组实验前后数据进行配对样本 t 检验，结果表明，对照组受试者各指标均无显著变化；振动组受试者的BMI、体重、FM%显著下降，LBM%明显上升。以各组受试者实验前的基础值为协变量进行协方差分析，结果表明，振动组和对照组的BMI、体重、FM%、LBM%的变化仍具显著差异（表2-2）。

表2-2　受试者实验前后全身脂肪、瘦体重各参数的变化

参数	对照组（$n=23$）		振动组（$n=55$）		协方差分析
	实验前	实验后	实验前	实验后	
BMI/（kg/m^2）	24.50 ±3.58	24.63 ±3.67	24.18 ±3.07	24.00 ±3.15*	$p<0.05$
体重/kg	62.60 ±9.67	62.94 ±9.79	60.95 ±8.04	60.50 ±8.19*	$p<0.05$
FM%	37.07 ±5.32	37.05 ±5.52	35.65 ±5.47	34.86 ±5.16**	$p<0.05$
LBM%	59.56 ±5.14	59.54 ±5.31	60.87 ±5.35	61.63 ±5.05**	$p<0.05$

注：* $p<0.05$，** $p<0.01$，与实验前相比。

2.2.4　3个月振动训练对身体各部位脂肪、瘦体重指标的影响

对受试者身体各部位的脂肪、瘦体重进行配对样本 t 检验，结果表明，对照组受试者各指标均无显著变化；振动组受试者的下肢、躯干及全身脂肪含量显著下降，下肢、躯干及全身瘦体重无显著变化。以各组受试者实验前的基础值为协变量进行协方差分析，结果表明，振动组和对照组的下肢、躯干及全身脂肪含量的

变化仍具显著差异（表2－3）。

表2－3　受试者实验前后身体各部位脂肪、瘦体重各参数的变化

参数/kg	对照组（$n=23$）		振动组（$n=55$）		协方差分析
	实验前	实验后	实验前	实验后	
下肢 FM	6.95 ± 1.90	6.82 ± 1.97	6.64 ± 1.84	6.29 ± 1.78**	$p<0.05$
躯干 FM	13.74 ± 4.21	13.99 ± 4.35	12.62 ± 3.52	12.35 ± 3.36**	$p<0.05$
全身 FM	23.52 ± 6.13	23.67 ± 6.43	22.00 ± 5.67	21.36 ± 5.44**	$p<0.01$
下肢 LBM	11.47 ± 1.58	11.53 ± 1.61	11.86 ± 1.43	11.78 ± 1.51	$p>0.05$
躯干 LM	18.95 ± 2.42	18.93 ± 2.54	18.47 ± 2.07	18.69 ± 2.22	$p>0.05$
全身 LBM	36.98 ± 4.29	37.14 ± 4.32	36.83 ± 3.78	37.04 ± 3.92	$p>0.05$

注：** $p<0.01$，与实验前相比。

2.3　分析与讨论

为了检验对照组和振动组受试者基础指标的一致性，本研究分析了两组受试者年龄、身高、体重和体重指数的差异性，结果表明，两组受试者各项指标均无显著差异，说明两组受试者的实验前年龄、身高、体重和 BMI 的均衡性。除此以外，本研究的受试者为来自海淀区三个相邻社区的退休中老年女性，日常生活习惯也较为一致。但为了消除饮食、体力活动等混杂因素对实验结果造成影响，本研究要求对照组受试者保持日常生活习惯不变，振动组除参加全身振动训练外，亦保持日常习惯不变，并定期对受试者进行平衡饮食的宣教，旨在使受试者保持健康的饮食习惯，避免节食或暴饮暴食对实验结果的影响。另外，在实验进行中，采用 Actigarph 三轴加速度计记录受试者一周的体力活动情况，结果显示，对照组和振动组受试者之间体力活动水平无显著差异。说明，对照组和振动组受试者日常体力活动情况较均衡，基本排除受试者日常体力活动水平不同对实验结果的影响。

对受试者实验前后的数据分析发现，全身振动训练对绝经后女性身体 BMI、体重、FM%、LBM% 均产生良好的影响，在降低身体 FM% 的同时对 LBM% 仍有提高作用。为了进一步观察全身振动训练对身体具体哪些部位的脂肪和肌肉产生影响，本研究分析了受试者下肢、躯干以及全身脂肪含量和瘦体重含量的变化，结果表明，3个月的全身振动训练明显降低了下肢、躯干以及全身的脂肪含量，而对下肢、躯干以及全身的瘦体重含量无显著影响。本研究中全身振动训练对脂肪的影响效果与既往研究结果一致[15]，如10周的全身振动训练可使肥胖女性BMI、全身及躯干脂肪量，皮褶厚度及身体围度显著下降。本研究对身体瘦体重的研究结果认为，3个月全身振动训练仅对瘦体重含量起到维持作用，并未显著升高受试者的瘦体重。有关全身振动训练对瘦体重影响的既往报道有所差异，有研究者发现，18名年轻成人（21～39岁）进行12周的全身振动训练后，身体瘦体重及肌肉力量均无显著变化[16]；另有研究者对48名无训练史的年轻女性的研究发现，24周的全身振动训练较有氧加抗阻练习更能提高受试者的去脂体重[17]。出现这种差异可能与多方面因素相关，如全身振动训练持续时间、全身振动训练振幅和频率等。已有的研究认为，年龄相关的肌肉量减少，主要是Ⅱ型纤维大小和数量的减少[18]造成的。全身振动训练作为一种特殊的力量练习方式，能够同时募集到快肌纤维和慢肌纤维，在增加肌肉力量的同时会促进肌肉的生长。推测3个月的全身振动训练可能还不足以产生明显的促肌肉合成的效果，还未出现DXA所能测量到肌肉量的变化，但由于明显降低了身体的脂肪含量，因此间接地提高了LBM%。另外，全身振动训练的振幅也可能影响全身振动训练效果，有研究者对38名健康成年人进行6周的高幅、低幅两种不同方案的全身振动训练，发现高幅全身振动训练可使瘦体重显著提高[19]。但高幅全身振动训练带给人体的不适感明显增强，可能会影响中老年人对全身振动训练的长期坚持，故在本研究中亦采用低振幅。

由此可见，3个月的全身振动训练对身体成分产生了正性影响，可在降低体重的同时避免身体肌肉量的丢失，是一种理想的干预身体成分的方法。不仅如此，全身振动训练还可针对性地减少躯干部的脂肪，这一研究结果对绝经后女性尤为重要。众所周知，躯干部脂肪量主要反映腹部脂肪的堆积，腹部脂肪的过多堆积是2型糖尿病和代谢综合征的高危因素。随着绝经的出现，女性体内雌激素水平逐渐下降，由此导致身体脂肪的重新分布[20-22]。脂肪多堆积于腰腹部，形成典型的腹型肥胖，给健康带来极大的隐患。而全身振动训练作为一种安全、方便、易耐受的锻炼方法，可有效地降低绝经后女性的腹部脂肪，一定程度上预防2型糖尿病、代谢综合征等慢性病的发生。

全身振动训练对身体脂肪、瘦体重的影响存在不一致的报道，其可能受诸多因素的影响，如振动频率、振幅、时间以及训练持续时间等。但也应该注意到遗传因素对身体成分的影响，个体在基因水平上的差异也可能是影响全身振动训练效果的因素之一。截至目前，还未见全身振动训练效果与相关基因多态性关系报道。下一步，本研究将通过身体成分相关基因的多态性与全身振动训练效果的关联性分析，筛选全身振动训练敏感的分子标记，为制订准确的个性化全身振动训练指导方案提供理论依据。

2.4 小结

3 个月的全身振动训练使绝经后女性身体脂肪百分比显著下降，瘦体重百分比显著上升；3 个月的全身振动训练明显降低了下肢、躯干以及全身的脂肪含量，而对下肢、躯干及全身的瘦体重含量无显著影响。

2.5 文献综述

2.5.1 全身振动训练概述

全身振动训练是一种新型的运动方式，被认为是一种抗阻练习方式[23-24]。其原理是通过平台的连续快速振动，使骨骼肌出现连续的向心和离心收缩，抑制脂肪的生成。通过短时的（一般为 10 min）练习，调动大量的肌肉参与收缩，提高肌肉力量，降低体重及体脂百分比[25-27]。它模拟肌肉发放冲动频率范围[11]，诱导肌肉产生张力性牵张反射[27-28]。另外，在全身振动过程中，人体姿势被动处于轻微不平衡状态，受试者必须积极主动调节姿势维持身体平衡，从而使神经—肌肉系统的协调性提高、肌力增加，有利于提高平衡能力。因此，其不仅可以预防骨折和骨质疏松，还对步态、平衡和肌肉力量等均有良好的影响。全身振动训练作为一种运动和康复领域常用的工具被越来越多的人采用。

与其他运动方式相比，全身振动训练的优势为可适用于身体虚弱的人，耐受性好、风险低。但全身振动训练不适用于某些受试者，见2.1.1。

全身振动训练的实施必须遵循一定的安全守则，如每次全身振动训练的时间最多不能多于10 min，全身振动训练中参与者须膝盖弯曲保持半蹲姿势以减少对头部的振动[14]。目前的全身振动训练设备能提供的振动频率多为15~60 Hz，为了最大限度地获得机械刺激的传导，研究者通常采用的频率为15~35 Hz[10]。

2.5.2 全身振动训练对脂肪、瘦体重的影响

查阅文献发现，关于全身振动训练对身体脂肪含量和瘦体重含量影响的文章不在少数，大部分研究是将全身振动训练作为一种补充措施，与其他干预方式，如节食、有氧运动、抗阻运动等结合起来。为了探讨单独全身振动训练对身体成分的影响，本研究仅对少部分单独采用全身振动训练作为干预方式的文献进行综述。

全身振动训练作为一种抗阻练习方式，其显著作用为增加肌肉量和肌肉力量。但目前的研究结果存在较大差异。多数研究认为，全身振动训练对身体瘦体重有正性作用。对年轻非肥胖女性进行8周的全身振动训练发现，受试者体重及BMI未出现显著改变，而瘦体重含量上升、脂肪含量下降[9]。对老年人的研究也发现与之同样的结果，即全身振动训练可增加身体瘦体重量，可减缓或逆转因年龄增加所导致的肌肉量减少[29-30]。肌肉量的增加会升高静息水平的能量消耗，机体基础代谢率将随之增加，从而消耗更多的脂肪，促进减脂。因此，全身振动训练对身体成分另一有益影响为降低身体脂肪量。既往的研究亦证实，研究者对50名肥胖女性的研究发现，10周的全身振动训练可使肥胖女性BMI、全身及躯干脂肪量，皮褶厚度及身体围度明显下降[15]；对绝经后超重女性的研究也发现，全身振动训练可以降低体重、BMI和腰围，但身体脂肪量及身体脂肪百分比未出现显著变化[31]。还有研究认为，全身振动训练虽然不能降低体重，但可使静息能量消耗有轻度增加[32]。动物实验的研究结果表明，15周的全身振动训练对小鼠脂肪细胞的分化抑制率为27%，这种机械信号还可抑制间充质干细胞向脂肪细胞的分化，抑制脂肪的生成[33]。这说明，全身振动训练除了对整体的脂肪、肌肉产生影响外，对脂肪细胞的分化、成熟过程也产生明显影响。

由此可见，全身振动训练在增加机体肌肉量的同时，还促进脂肪酸氧化，帮

助降低体脂、减轻体重。但也有不一致的报道，如对46名年轻成人进行8个月的全身振动训练后，未发现25~45 Hz的全身振动训练对体重的正性影响[28]；对18名年轻成人（21~39岁）进行12周的全身振动训练后，身体瘦体重及肌肉力量均无显著变化[16]；对108名绝经后女性（60~75岁）进行两种不同方式的全身振动训练，结果显示，一年的全身振动训练对其身体脂肪和瘦体重均无显著影响[34]。

出现差异的一种可能解释是，受试者基础指标的差异，如身体脂肪量高、瘦体重量低。过高的脂肪含量及过低的肌肉含量与过低的身体活动能力有关，此类型受试者在进行全身振动训练后，身体成分可能会更快地得到改善。另一种可能的解释是，全身振动训练方案的设计影响全身振动训练效果，如振动的频率、振幅以及训练的持续时间等。2014年，有研究者选用年轻成人为研究对象，观察每周3次和2次全身振动训练的效果，6周后发现，每周3次和2次的全身振动训练均可增加全身瘦体重含量，并且每周3次组升高的数值显著高于每周2次组。但无论是每周3次组还是每周2次组，受试者全身脂肪含量、脂肪百分比及骨矿物质含量、骨密度与对照组相比均无显著变化[8]。还有研究者对38名健康成年人进行6周的高幅、低幅两种不同方案的全身振动训练，发现高幅全身振动训练可使瘦体重显著提高[19]。但在实际应用中应考虑高幅全身振动训练带给人体的不适感，这可能影响中老年人对全身振动训练的长期坚持，倾向采用低幅的训练方案。全身振动训练的干预时间也是影响干预效果的主要因素之一，研究者对绝经后女性进行6个月和8个月的全身振动训练均获得了良好的减脂效果[23,35]。此外，也应考虑遗传因素对身体成分的影响，目前的研究认为MSTN基因、ADPN基因、IGF-1基因多态性与身体脂肪、肌肉等表型相关[36-37]。由于个体的身体成分与相关基因多态性相关，推测全身振动训练干预身体成分的效果与相关基因多态性相关，目前未见到全身振动训练干预身体成分与基因多态性的相关报道。

振动除了可降低受试者体重、身体脂肪、腹部脂肪外，还可影响受试者血中细胞因子的分泌。有研究发现，全身振动训练在降低受试者体重、身体脂肪的同时，还可升高血中脂联素的水平，对瘦素、TNF-α、C反应蛋白等无显著影响[38]。也有研究发现，16周的全身振动训练可以显著增加血中脂联素、NO、TGF-β等细胞因子的水平[39]。老年人进行一次5 min、30 Hz全身振动训练后，IGF-1的水平显著升高，而青年男性进行全身振动训练后IGF-1水平则未发生显著变化[40-41]。动物实验也发现，全身振动训练可使大鼠脂肪量下降，同时还降低血清瘦素水平[42]。细胞实验结果表明，30 Hz 的全身振动训练可以下调肌肉生长抑素（myostation，MSTN）基因的表达，并通过肌肉卫星细胞的融合有效抑制肌肉萎缩，从而增加肌肉量[43]。IGF-1 被认为在肌细胞的分化和生长过程中具有重要的正向调控作用，肌肉生长抑素则被认为对肌肉质量有显著的负向调节作用[44]。

2.5.3　老年人肌少症及干预方法研究

肌少症（sarcopenia）是一种新的老年综合征，是指与年龄相关的进行性全身肌肉质量下降和肌肉力量/肌肉生理功能减退[45]。它不仅导致老年人活动度减少、身体功能障碍，还会进一步降低肌肉力量，严重影响老年人行动和独立生活能力[2-3]；此外，由于其容易导致跌倒、骨折及代谢紊乱等，显著增加老年人的住院率和医疗花费，给家庭、社会带来巨大的负担，严重影响到了家庭、社会的健康和谐发展。随着我国老龄化程度的不断加深，我国老年人口正在迅速增长。国家统计局最新数据显示，截至2017年底，我国60岁及以上老年人口为2.4亿，占总人口的10.35%，老年人口比例不断增加。肌少症的发病情况以及其给个人、家庭及社会带来的影响不容忽视。

肌少症的诊断主要包括三方面：肌肉质量减少、肌肉力量降低和肌肉功能下降，其中肌肉质量减少是诊断肌少症的必要条件，受试者如果出现肌肉质量减少，只要具备肌肉力量下降和肌肉功能下降其中之一即可诊断为肌少症。

既往研究认为，抗阻训练和耐力训练等常规运动方式通过提高肌肉质量，增加肌肉力量可对肌少症产生积极的影响[46-47]。但由于其对心血管和骨骼肌肉系统的限制，对老年人而言，完成并规律进行这些常规训练计划具有挑战性。全身振动训练是一种新型的力量训练手段，其通过诱导肌肉产生张力性牵张反射，调动大量的肌肉出现收缩[27-28]，可显著提高肌肉力量，增加肌肉量，减少脂肪量[26]。由于全身振动训练具有耐受性好、风险低等优点，更适用于身体虚弱者和老年人。本课题组在前期的研究中也发现，老年人对全身振动训练的方式乐于接受，且具有较高的依从性。但既往有关全身振动训练对肌少症干预效果的研究鲜有报道，仅有全身振动训练对老年人肌肉量的报道，且结果尚不一致[25,34,48]，亟须进行相关研究予以阐明。

【参考文献】

[1]GONG S,WILLIAMS D,LOHMAN T. Aging and body composition:biological changes and methodological issues[J]. Exerc Sport Sci Rev,1995,23:411 -458.

[2]LAURETANI F,RUSSO CR,BANDINELLI S,et al. Age - associated changes in skeletal muscles and their effect on mobility:an operational diagnosis of sarcopenia[J]. J Appl Physiol(1985),2003,95(5):1851 -1860.

[3]MARCUS R L,ADDISON O,DIBBLE L E,et al. Intramuscular adipose tissue,sarcopenia,and mobility function in older individuals[J]. J Aging Res,2012,10:629 -637.

[4]JURCA R,LAMONTE M J,BARLOW C E,et al. Association of muscular strength with incidence of metabolic syndrome in men[J]. Med Sci Sports Exerc,2005,37(11):1849 -1855.

[5]TSUZUKU S,KAJIOKA T,ENDO H,et al. Favorable effects of non - instrumental resistance training on fat distribution and metabolic profiles in healthy elderly people[J]. Eur J Appl Physiol,2007,99(5):549 -555.

[6]SCHMITZ K H,HANNAN P J,STOVITZ S D,et al. Strength training and adiposity in premenopausal women:strong,healthy,and empowered study[J]. Am J Clin Nutr,2007,86(3):566 -572.

[7]KALLINEN M,MARKKU A. Aging,physical activity and sports injuries. An overview of common sports injuries in the elderly[J]. Sports Med,1995,20(1):41 -52.

[8]MARTINEZ - PARDO E,ROMERO - ARENAS S,MARTINEZ - RUIZ E,et al. Effect of a whole - body vibration training modifying the training frequency of workouts per week in active adults[J]. J Strength Cond Res,2014,28(11):3255 -3263.

[9]MILANESE C,PISCITELLI F,SIMONI C,et al. Effects of whole - body vibration with or without localized radiofrequency on anthropometry,body composition,and motor performance in young nonobese women[J]. J Altern Complement Med,2012,18(1):69 -75.

[10]RUBIN C,POPE M,FRITTON J C,et al. Transmissibility of 15 - hertz to 35 - hertz vibrations to the human hip and lumbar spine:determining the physiologic feasibility of delivering low - level anabolic mechanical stimuli to skeletal regions at greatest risk of fracture because of osteoporosis[J]. Spine(Phila Pa 1976),2003,28(23):2621 -2627.

[11]RUBIN C,TURNER AS,BAIN S,et al. Anabolism. Low mechanical signals strengthen long bones[J]. Nature,2001,412(6847):603 -604.

[12]FRITTON JC,RBUBIN CT,QIN YX,et al. Whole - body vibration in the skeleton:development of a resonance - based testing device[J]. Ann Biomed Eng,1997,25(5):831 -839.

[13]RBUBIN CT,SOMMERFELDT DW,JUDEX S,et al. Inhibition of osteopenia by low magnitude,high - frequency mechanical stimuli[J]. Drug Discov Today,2001,6(16):848 -858.

[14]CARDINALE M,RITTWEGER J. Vibration exercise makes your muscles and bones stronger:fact or fiction[J]. J Br Menopause Soc,2006,12(1):12 -18.

[15]MILANESE C,PISCITELLI F,ZENTI MG,et al. Ten - week whole - body vibration training improves body

composition and muscle strength in obese women[J]. Int J Med Sci,2013,10(3):307 - 311.

[16]OSAWA Y,OGUMA Y,ONISHI S. Effects of whole - body vibration training on bone - free lean body mass and muscle strength in young adults[J]. J Sports Sci Med,2011,10(1):97 - 104.

[17]ROELANTS M,DELECLUSE C,GORIS M,et al. Effects of 24 weeks of whole body vibration training on body composition and muscle strength in untrained females[J]. Int J Sports Med,2004,25(1):1 - 5.

[18]NILWIK R,SNIJDERS T,LEENDERS M,et al. The decline in skeletal muscle mass with aging is mainly attributed to a reduction in type II muscle fiber size[J]. Exp Gerontol,2013,48(5):492 - 498.

[19] MARTINEZ - PARDO E, ROMERO - ARENAS S, ALCARAZ PE. Effects of different amplitudes (high vs. low) of whole - body vibration training in active adults[J]. J Strength Cond Res,2013,27(7):1798 - 1806.

[20]HONG S C,YOO S W,CHO G J,et al. Correlation between estrogens and serum adipocytokines in premenopausal and postmenopausal women[J]. Menopause,2007,14(5):835 - 840.

[21]TCHERNOF A,POEHLMAN E T,DESPRES J P. Body fat distribution,the menopause transition,and hormone replacement therapy[J]. Diabetes Metab,2000,26(1):12 - 20.

[22]PARK J K,LIM Y H,KIM K S,et al. Body fat distribution after menopause and cardiovascular disease risk factors:Korean National Health and Nutrition Examination Survey 2010[J]. J Womens Health(Larchmt),2013,22(7):587 - 594.

[23]VERSCHUEREN S M,ROELANTS M,DELECLUSE C,et al. Effect of 6 - month whole body vibration training on hip density,muscle strength,and postural control in postmenopausal women:a randomized controlled pilot study [J]. J Bone Miner Res,2004,19(3):352 - 359.

[24]BOGAERTS AC,DELECLUSE C,CLAESSENS AL,et al. Effects of whole body vibration training on cardiorespiratory fitness and muscle strength in older individuals(a 1 - year randomised controlled trial)[J]. Age Ageing, 2009,38(4):448 - 454.

[25]MACHADO A,GARCIA - LOPEZ D,GONZALEZ - GALLEGO J,et al. Whole - body vibration training increases muscle strength and mass in older women:a randomized - controlled trial[J]. Scand J Med Sci Sports,2010,20 (2):200 - 207.

[26]SITIJA - RABERT M,RIGAU D,FORT VANMEERGHAEGHE A,et al. Efficacy of whole body vibration exercise in older people:a systematic review[J]. Disabil Rehabil,2012,34(11):883 - 893.

[27]TORVINEN S,KANNUS P,SIEVANEN H,et al. Effect of four - month vertical whole body vibration on performance and balance[J]. Med Sci Sports Exerc,2002,34(9):1523 - 1528.

[28]TORVINERN S,KANNUS P,SIEVANEN H,et al. Effect of 8 - month vertical whole body vibration on bone, muscle performance,and body balance:a randomized controlled study[J]. J Bone Miner Res,2003,18(5):876 - 884.

[29]FJELDSTAD C, PALMER I J, BEMBEN M G, et al. Whole - body vibration augments resistance training effects on body composition in postmenopausal women[J]. Maturitas,2009,63(1):79 - 83.

[30]BOGAERTS A,DELECLUSE C,CLAESSENS A L,et al. Impact of whole - body vibration training versus fit-

ness training on muscle strength and muscle mass in older men:a 1 – year randomized controlled trial[J]. J Gerontol A Biol Sci Med Sci,2007,62(6):630 – 635.

[31]SONG G E,KIM K,LEE D J,et al. Whole body vibration effects on body composition in the postmenopausal korean obese women:pilot study[J]. Korean J Fam Med,2011,32(7):399 – 405.

[32]WILMS B,FRICK J,ERNST B,et al. Whole body vibration added to endurance training in obese women – a pilot study[J]. Int J Sports Med,2012,33(9):740 – 743.

[33]RUBIN C T,CAPILLA E,LUU Y K,et al. Adipogenesis is inhibited by brief,daily exposure to high – frequency,extremely low – magnitude mechanical signals[J]. Proc Natl Acad Sci U S A,2007,104(45):17879 – 17884.

[34]KLARNER A,VON STENGEL S,KEMMLER W,et al. Effects of two different types of whole body vibration on neuromuscular performance and body composition in postmenopausal women[J]. Dtsch Med Wochenschr,2011,136(42):2133 – 2139.

[35]GUSI N,RAIMUNDO A,LEAL A. Low – frequency vibratory exercise reduces the risk of bone fracture more than walking:a randomized controlled trial[J]. BMC Musculoskelet Disord,2006(7):92.

[36]YUE H,HE J W,ZHANG H,et al. Contribution of myostatin gene polymorphisms to normal variation in lean mass,fat mass and peak BMD in Chinese male offspring[J]. Acta Pharmacol Sin,2012,33(5):660 – 667.

[37]RICHARDSON D K,SCHNEIDER J,FOURCAUDOT M J,et al. Association between variants in the genes for adiponectin and its receptors with insulin resistance syndrome(IRS) – related phenotypes in Mexican Americans [J]. Diabetologia,2006,49(10):2317 – 2328.

[38]BELLIA A,SALLI M,LOMBARDO M,et al. Effects of whole body vibration plus diet on insulin – resistance in middle – aged obese subjects[J]. Int J Sports Med,2014,35(6):511 – 516.

[39]HUMPHRIES B,FENNING A,DUGAN E,et al. Whole – body vibration effects on bone mineral density in women with or without resistance training[J]. Aviat Space Environ Med,2009,80(12):1025 – 1031.

[40]CARDINALE M,LEIPER J,ERSKINE J,et al. The acute effects of different whole body vibration amplitudes on the endocrine system of young healthy men:a preliminary study[J]. Clin Physiol Funct Imaging,2006,26(6):380 – 384.

[41]CARDINALE M,SOIZA R L,LEIPER J B,et al. Hormonal responses to a single session of wholebody vibration exercise in older individuals[J]. Br J Sports Med,2010,44(4):284 – 288.

[42]MADDALOZZO G F,IWANINEC U T,TUNER R T,et al. Whole – body vibration slows the acquisition of fat in mature female rats[J]. Int J Obes(Lond),2008,32(9):1348 – 1354.

[43]CECCARELLI G,BENEDETTI L,GALLI D,et al. Low – amplitude high frequency vibration down – regulates myostatin and atrogin – 1 expression,two components of the atrophy pathway in muscle cells[J]. J Tissue Eng Regen Med,2014,8(5):396 – 406.

[44]MCPHERRON A C,LAWLER A M,LEE S J. Regulation of skeletal muscle mass in mice by a new TGF – beta superfamily member[J]. Nature,1997,387(6628):83 – 90.

[45]中华医学会骨质疏松和骨矿盐疾病分会. 肌少症共识[J]. 中华骨质疏松和骨矿盐疾病杂志,2016,9(3):215 - 227.

[46]VLIETSTRA L,HENDRICKX W,WATERS D L. Exercise interventions in healthy older adults with sarcopenia:A systematic review and meta - analysis[J]. Australas J Ageing,2018,37(3):169 - 183.

[47]PHU S,BOERSMA D,DUQUE G. Exercise and Sarcopenia[J]. J Clin Densitom,2015,18(4):488 - 492.

[48]GOMEZ - CABELLLO A,GONZALEZ - AGUERO A,ARA I,et al. Effects of a short - term whole body vibration intervention on lean mass in elderly people[J]. Nutr Hosp,2013,28(4):1255 - 1258.

3　3个月全身振动训练对绝经后女性骨密度的影响

女性在绝经后，骨密度以每年1% ~3%的比例逐年下降，由此导致骨脆性增加以及骨质疏松风险增加[1]。骨质疏松在我国60岁以上人群中的发病率为56%，其中女性发病率高达60% ~70%，女性发生骨质疏松性骨折的概率达40%。骨质疏松和骨质疏松性骨折不仅给人们造成极大痛苦，它的治疗和护理也给家庭和社会造成极大的经济负担。因此，骨质疏松症已成为一个社会性的健康问题，因而备受关注。有氧运动、负重练习以及抗阻练习都是很常用的改善骨密度的方法[2-4]。然而，对老年人而言，高强度的运动也增加了骨骼、肌肉以及心血管病的发病风险[5]。此外，传统的训练方式是通过增加训练强度来达到训练目的的，而大负荷的训练方法很容易使人产生抵触心理，影响受试者对训练计划的执行。因此，人们正着力寻找一种风险较低、依从性较高的替代方法。全身振动训练作为一种机械刺激，诱导肌肉产生张力性牵张反射[6-7]，引起肌肉收缩，并作用于骨骼，增加骨量。本研究选取北京市社区绝经后健康女性为受试对象，探讨全身振动训练对骨密度的影响。

3.1　研究对象与方法

3.1.1　研究对象

同2.1.1。

3.1.2　全身振动训练方案

同2.1.3。

3.1.3　骨密度测试方法

所有受试者完成课题组自行设计的调查问卷，内容包括疾病史、用药史、运动史，抽烟、饮酒等因素。在实验开始前以美国 GE 公司生产的 lunar prodigy 型 DXA 骨密度仪进行骨密度基础值的测定，包括全身骨密度、右股骨骨密度、腰椎（L2 – L4）骨密度，并在实验结束后再次测定。

3.1.4　数据统计方法

所有数据均采用 SPSS 19.0 统计软件完成，所测数据结果用均数 ± 标准差（mean ± SD）表示。对照组和振动组实验前后各指标的差异比较采用配对样本 t 检验。以各指标实验前的基础指标作为协变量，采用协方差分析（analysis of covariance，ANCOVA），分析全身振动训练的有效性。所有的统计检验均采用双侧检验，显著性水平为 $p<0.05$，非常显著性水平为 $p<0.01$。

3.2　研究结果

3.2.1　3个月振动训练对腰椎和全身骨密度的影响

在实验过程中，振动组中有3名受试者由于服用骨代谢相关药物被排除，在本研究中，振动组受试者样本数为52。分别对振动组和对照组实验前后数据进行配对样本 t 检验，结果表明，对照组受试者 L2 – L4 和全身 BMD 无显著变化；振动组受试者全身及腰椎骨密度未见显著变化，而右股骨骨密度显著增加。以各组受试者实验前的基础指标为协变量进行 ANCOVA 发现，振动组和对照组之间各指标均无差异（表3 – 1）。

表3－1 受试者实验前后全身、右股骨及腰椎骨密度的变化

参数/（g/cm²）	对照组（n＝23）		振动组（n＝52）		协方差分析
	实验前	实验后	实验前	实验后	
全身 BMD	1.035 ±0.102	1.039 ±0.104	1.060 ±0.084	1.059 ±0.083	$p>0.05$
L2－L4 BMD	1.068 ±0.155	1.068 ±0.173	1.072 ±0.169	1.067 ±0.166	$p>0.05$

注：＊$p<0.05$，与实验前相比。

3.2.2 3个月振动训练对右股骨局部骨密度的影响

对右股骨各解剖学部位，如股骨颈、Ward's 三角、大粗隆、股骨干等部位骨密度进行配对样本 t 检验发现，振动组受试者股骨大粗隆和股骨干骨密度显著增加，对照组右股骨局部骨密度无显著变化。以各组受试者实验前的测试数据为协变量进行协方差分析发现，振动组和对照组之间各指标的差异消失（表3－2）。

表3－2 受试者实验前后右股骨骨密度的变化

参数/（g/cm²）	对照组（n＝23）		振动组（n＝52）		协方差分析
	实验前	实验后	实验前	实验后	
右股骨	0.854 ±0.138	0.860 ±0.137	0.906 ±0.117	0.912 ±0.116＊	$p>0.05$
股骨颈	0.808 ±0.117	0.802 ±0.119	0.842 ±0.114	0.838 ±0.115	$p>0.05$
Ward's 三角	0.605 ±0.107	0.604 ±0.110	0.660 ±0.134	0.661 ±0.139	$p>0.05$
大粗隆	0.662 ±0.119	0.670 ±0.118	0.698 ±0.101	0.716 ±0.098＊＊	$p>0.05$
股骨干	1.031 ±0.164	1.041 ±0.168	1.105 ±0.145	1.123 ±0.152＊＊	$p>0.05$

注：＊$p<0.05$，＊＊$p<0.05$，与实验前相比。

3.3 分析与讨论

如前所述，年龄和绝经是影响机体骨密度的主要因素。绝经后女性在年龄和绝经双重危险因素的作用下，成为骨质疏松症的高发人群，也是骨质疏松防治的目标人群。研究发现，绝经后女性的骨密度以每年1%～3%的比例逐年下降，由

此导致骨脆性以及骨折风险增加，从而增加了社会和家庭的经济负担，并严重影响中老年人的生活质量[1]。本研究通过对绝经后女性进行为期3个月的全身振动训练，观察全身振动训练对绝经后女性骨密度的影响。在3个月的实验中，对照组受试者全身、右股骨及腰椎（L2－L4）BMD未出现显著变化，说明3个月年龄增加对绝经后女性的骨密度无显著影响。振动组受试者右股骨BMD显著增加，全身及腰椎骨密度未出现显著变化。对右股骨各解剖部位的骨密度分析发现，右股骨大粗隆和股骨干的骨密度有显著增加。由此可见，3个月的全身振动训练对股骨的刺激要强于其他部位，且主要作用的部位为股骨大粗隆和股骨干。但遗憾的是，以各组受试者实验前的测试数据为协变量进行协方差分析发现，振动组和对照组骨密度变化量未见显著差异。尽管有人提出，全身振动训练较其他训练方式能更快地达到增加骨量的目的[8]，但本研究认为，3个月的全身振动训练尚不足以提高骨量。既往对49名65岁以上老年男性和女性的研究也有与之类似的发现，即3个月的全身振动训练（45 s振动、60 s休息，重复10次，40 Hz，2 mm）不足以影响骨矿物质含量以及骨密度[9]。虽然短期的全身振动训练不能促进骨密度的增加，但3个月的全身振动训练对骨骼的正性刺激作用已初见端倪，有研究发现，3个月的全身振动训练可以显著提高骨形成参数[10]。那么，延长全身振动训练时间是否就可以获得理想的锻炼效果呢？有研究者对28名绝经后女性进行24周的全身振动训练，结果显示，受试者腰椎骨密度明显提高[11]。另一项研究发现，与步行训练相比，8个月的全身振动训练可更显著地增加股骨颈骨密度，而对腰椎骨密度无明显影响[12]。但也有与之相反的报道，有研究者对22名绝经后骨质疏松女性的研究发现，12个月的全身振动训练对骨密度及骨结构无显著影响[13－14]。出现如此差异的研究结果，一方面可能是研究者采用的训练方案（如振动频率、时间以及每周训练的次数）不同所致；另一方面，考虑与受试者本身的骨量有关，在以上两个阴性结果的研究中，所选取的受试者对象均为骨质疏松症患者，虽然进行了12个月的干预，但均未提高受试者的骨密度。由此推测，骨骼在老化过程中，可能对一些训练刺激的敏感性下降，而骨质疏松的患者或许对振动刺激的敏感性较骨量正常者更差。另外，骨质疏松者可能较骨量正常者受更多骨质疏松易感因素影响（如饮食、遗传等），在对其进行全身振动训练干预时，全身振动训练对骨骼的正性效应未能抵消骨质疏松易感因素所致的负性效应，从而影响全身振动训练的效果。此外，也应考虑全身振动训练效果个体差异对研究结果的影响，个体在基因水平上的差异也可能是影响全身振动训练效果的因素之一。目前，在众多研究中认为与骨质疏松密切相关的候选基因有维生素 D 受体基因、雌激素受体基因、OPG - RANK - RANKL 基因等。截至目前，还未见到基因多态性影响全身振动训练效果的报道。下一步，本研究将通过骨相关基因多态性与全身振动训练效果的关联分析，筛选全身振动训练敏感的分子标记，验证个体差异影响全身振动训练效果的研究假设。

3.4 小结

3 个月的全身振动训练对绝经后女性腰椎、右股骨以及全身的骨密度均无显著影响。

3.5 文献综述

3.5.1 振动训练对骨量的影响

骨骼是一种动态组织，可以通过感受机械负荷产生的应变，激活骨骼重塑细胞，改变骨量及骨结构[15]。这种力学信号在骨结构的保持中具有重要意义，当这种物理信号被移除后，骨质出现快速流失，比如长期卧床、局部肢体固定及航天失重状态[16-18]。根据肌动力学说[19]，肌肉可发放低值高频的力刺激，这种刺激对骨骼是一种敏感刺激。全身振动刺激可模拟肌肉发放冲动频率范围[20]，诱导肌肉产生牵张反射[6-7]，引起肌肉收缩，并对骨骼产生局部应力，从而引起骨密度的变化[21]。另外，在全身振动过程中，人体姿势被动处于轻微不平衡状态，受试者必须积极主动调节姿势维持身体平衡，提高神经—肌肉系统的协调性，增加肌肉力量，从而增加对骨骼的应力刺激。

振动对骨量的影响也是国内外学者研究的热点。目前，有关全身振动训练的研究多是通过与其他干预方式（如服用维生素 D[22]、有氧健身操[23]、抗阻练习[24]等）结合，观察其共同对骨密度的影响，为数不多的单独采用全身振动训练研究的结果亦存在较大差异。全身振动训练干预时间是影响干预效果的主要因素之一，有研究者对49名65岁以上老年男性和女性的研究发现，3个月的全身振动训练不足以影响骨矿物质含量和骨密度，仅使骨结构轻微改变[9]、骨形成参数提高[10]；6个月以上的全身振动训练（30 Hz，5 mm，每次10 min，5次/周）可以显著增加绝经后女性腰椎及股骨的骨密度，并可显著降低下背痛[8-11]；为期1年的每天少于30 min的高频（20～90 Hz）低幅全身振动训练可明显抑制腰椎及股骨骨量的丢失[25]。但也有出现不一致的研究结果，两个不同的研究团队对绝经后骨质疏松女性进行12个月的全身振动训练，发现12个月的振动训练对骨密度及骨结构无显著影响[13-14]。

出现此差异的原因，首先考虑与人群体质特征有关。在以上两个出现阴性结果的研究中，所选取的受试者对象均为骨质疏松症患者，虽然进行了12个月的干预，但均未改善受试者骨密度。由此推测，骨骼在老化过程中可能对一些训练的刺激敏感性下降，而骨质疏松症患者或许对刺激敏感性较正常骨量者更差。另外，骨质疏松症患者可能较骨密度正常者受更多骨质疏松易感因素（如饮食、遗传等）的影响，在对其进行全身振动训练干预时，全身振动训练对骨骼的正性效应未能抵消骨质疏松易感因素所致的负性效应，从而影响全身振动训练效果。另外，全身振动训练的方案，如全身振动训练持续时间以及振动频率、振幅等也可能会影响全身振动训练的效果。此外，应考虑全身振动训练效果个体差异对研究结果的影响，个体在基因水平上的差异也可能是影响全身振动训练效果的因素之一。目前，在众多研究中认为与骨质疏松密切相关的候选基因有维生素D受体基因、雌激素受体基因、骨保护素（osteoprotegerin，OPG）、核因子-κβ受体活化因子（receptor-activator of nuclear factor kappa beta，RANK）、核因子-κβ受体活化因子配体（receptor-activator of nuclear factor kappa beta ligand，RANKL）基因等。

骨骼在机械刺激的作用下，不断进行骨基质更新和建造，并根据机体所受机械刺激进行形状和结构的调整。机械刺激被认为是一个调节骨骼系统的发生、发展、维持和功能的调节因子。全身振动训练对骨骼的影响也被认为是振动刺激骨骼局部细胞因子产生变化，从而影响骨代谢。既往研究认为，高频低幅的全身振动训练可以显著降低RANKL诱导的破骨细胞生成[26]。对糖皮质激素致骨质疏松大鼠模型的研究也发现，全身振动训练可明显增加大鼠血清中OPG的水平，并降低

RANKL 的水平[27]。细胞培养的结果显示，全身振动训练可提高 OPG 和 Wnt10B 蛋白的表达，同时抑制硬骨素和 RANKL 蛋白的表达[28]。因此，有学者提出，机械负荷对骨骼产生正性作用的细胞学水平的机制是，骨细胞在接收到机械负荷时，局部会产生一氧化氮和前列腺素 E_2，这些局部因素通过 OPG - RANK - RANKL 途径改变微环境，骨细胞之间的耦合增加，从而影响骨代谢。他们认为，在这种模型下，骨密度的增加是骨骼对机械负荷刺激适应的结果，这种机械外力引起的骨生长和适应被认为是达到骨形成和骨吸收的正平衡[29]。

3.5.2 绝经后女性骨质疏松及干预方法

骨质疏松症是一种最为常见的代谢性骨病，是以骨量减少、骨组织微细结构破坏导致骨脆性增加和骨折危险性增加为特征的一种系统性、全身性骨骼疾病。根据世界卫生组织报告，骨质疏松症已经成为全球性的健康问题，其严重性仅次于心血管病，威胁大于乳腺癌、前列腺癌等常见疾病。全球 50 岁以上人群中，1/3 的女性和 1/5 的男性会受到骨质疏松症威胁[30]。1994 年 WHO 建议根据骨密度（bone mineral density，BMD）或骨矿物质含量（bone mineral content，BMC）值对骨质疏松症进行分级诊断：正常为 BMD 或 BMC 在正常成人骨密度平均值的 1 个标准差（SD）之内；骨质减少为 BMD 或 BMC 较正常成人骨密度平均值降低 1 ~ 2.5 个标准差；骨质疏松症为 BMD 或 BMC 较正常成人骨密度平均值降低 2.5 个标准差以上。

我国骨质疏松数据表明，50 岁以上人群以椎体和股骨颈骨密度值为基础的骨质疏松症总患病率女性为 20.7%，男性为 14.4%；60 岁以上人群中骨质疏松症的患病率明显提高，女性尤为突出。北京地区的影像学资料表明，50 岁以上妇女脊柱骨折史的患病率为 15%，即每 7 名 50 岁以上妇女中就有 1 人发生过脊柱骨折，其不仅给老年人带来巨大痛苦，严重影响老年人的身心健康和生活质量，也给家庭及社会带来沉重的经济负担。因此，骨质疏松疾病已不仅仅是一个重要的公共卫生问题，也是一个严重的社会经济问题。

体育锻炼被认为是改善骨量的有效方式[31-32]，且强度相对大的有氧训练、抗阻训练和抗重力训练方案更为有效[33]。然而，剧烈运动势必会增加老年人运动伤害的风险，影响老年人参与运动训练的依从性[5]。全身振动训练（whole body vibration training，WBV）是一种新型的力量训练手段，其通过诱导肌肉产生张力性牵张反射，对肌肉和骨骼产生良性刺激[6-7,34]。动物实验结果表明，振动刺激可以加快骨骼合成代谢，增加骨小梁的数目和宽度，增加松质骨的硬度和强度[35-36]。有关全身振动训练干预人体骨质疏松的研究较多，但由于全身振动训练方案、时间、频度等的差异，研究结果存在不一致性，尚需进一步的研究对差异的原因和机制予以探讨。

【参考文献】

[1]DAWSON – HUGHES B. Calcium supplementation and bone loss: a review of controlled clinical trials[J]. Am J Clin Nutr,1991,54(1):274 – 280.

[2]JURCA R,LAMONTE M J,BARLOW C E,et al. Association of muscular strength with incidence of metabolic syndrome in men[J]. Med Sci Sports Exerc,2005,37(11):1849 – 1855.

[3]TSUZUKU S,KAJIOKA T,ENDO H,et al. Favorable effects of non – instrumental resistance training on fat distribution and metabolic profiles in healthy elderly people[J]. Eur J Appl Physiol,2007,99(5):549 – 555.

[4]SCHMITZ K H,HANNAN P J,STOVITZ S D,et al. Strength training and adiposity in premenopausal women: strong,healthy,and empowered study[J]. Am J Clin Nutr,2007,86(3):566 – 572.

[5]KALLINEN M,MARKKU A. Aging,physical activity and sports injuries. An overview of common sports injuries in the elderly[J]. Sports Med,1995,20(1):41 – 52.

[6]TORVINEN S,KANNUS P,SIEVANEN H,et al. Effect of four – month vertical whole body vibration on performance and balance[J]. Med Sci Sports Exerc,2002,34(9):1523 – 1528.

[7]TORVINEN S,KANNUS P,SIEVANEN H,et al. Effect of 8 – month vertical whole body vibration on bone, muscle performance,and body balance: a randomized controlled study[J]. J Bone Miner Res,2003,18(5):876 – 884.

[8]RUAN X Y,JIN F Y,LIU Y L,et al. Effects of vibration therapy on bone mineral density in postmenopausal women with osteoporosis[J]. Chin Med J(Engl),2008,121(13):1155 – 1158.

[9]GOMEZ – CABELLO A,GONZALEZ – AGUERO A,MORALES S,et al. Effects of a short – term whole body vibration intervention on bone mass and structure in elderly people[J]. J Sci Med Sport,2014,17(2):160 – 164.

[10]CORRIE H,BROOKE – WAVELL K,MANSFIELD N J,et al. Effects of vertical and side – alternating vibration training on fall risk factors and bone turnover in older people at risk of falls[J]. Age Ageing,2015,44(1): 115 – 122.

[11]LAI C L,TSENG S Y,CHEN C N,et al. Effect of 6 months of whole body vibration on lumbar spine bone density in postmenopausal women: a randomized controlled trial[J]. Clin Interv Aging,2013(8):1603 – 1609.

[12]GUSI N,RAIMUNDO A,LEAL A. Low – frequency vibratory exercise reduces the risk of bone fracture more than walking: a randomized controlled trial[J]. BMC Musculoskelet Disord,2006(7):92.

[13]LIPHARDT AM, SCHIPILOW J, HANLEY DA, et al. Bone quality in osteopenic postmenopausal women is not improved after 12 months of whole – body vibration training[J]. Osteoporos Int, 2015, 26: 911 – 920.

[14]SLATKOVSKA L, ALIBHAI SM, BEYENE J, et al. Effect of 12 months of whole – body vibration therapy on bone density and structure in postmenopausal women: a randomized trial[J]. Ann Intern Med, 2011, 155(10): 668 – 679, W205.

[15]FROST H M. Bone's mechanostat: a 2003 update[J]. Anat Rec A Discov Mol Cell Evol Biol, 2003, 275(2): 1081 – 1101.

[16]LEBLANC A D, SCHNEIDER V S, EVANS H J, et al. Bone mineral loss and recovery after 17 weeks of bed rest[J]. J Bone Miner Res, 1990, 5(8): 843 – 850.

[17]VICO L, CCLLET P, GUIGNANDON A, et al. Effects of long – term microgravity exposure on cancellous and cortical weight – bearing bones of cosmonauts[J]. Lancet, 2000, 355(9215): 1607 – 1611.

[18]SIEVANEN H. Immobilization and bone structure in humans[J]. Arch Biochem Biophys, 2010, 503(1): 146 – 152.

[19]SZE P C, LAM P S, CHAN J, et al. A primary falls prevention programme for older people in Hong Kong [J]. Br J Community Nurs, 2005, 10(4): 166 – 171.

[20]RUBIN C, TURNER A S, BAIN S, et al. Anabolism. Low mechanical signals strengthen long bones [J]. Nature, 2001, 412(6847): 603 – 604.

[21]VERSCHUEREN S M, ROELANTS M, DELECLUSE C, et al. Effect of 6 – month whole body vibration training on hip density, muscle strength, and postural control in postmenopausal women: a randomized controlled pilot study [J]. J Bone Miner Res, 2004, 19(3): 352 – 359.

[22]VERSCHUEREN S M, BOGAERTS A, DELECLUSE C, et al. The effects of whole – body vibration training and vitamin D supplementation on muscle strength, muscle mass, and bone density in institutionalized elderly women: a 6 – month randomized, controlled trial[J]. J Bone Miner Res, 2011, 26(1): 42 – 49.

[23]VON S S, KEMMLER W, Engelke K, et al. Effects of whole body vibration on bone mineral density and falls: results of the randomized controlled ELVIS study with postmenopausal women [J]. Osteoporos Int, 2011, 22(1): 317 – 325.

[24]BEMBEN D A, PALMER I J, BEMBEN M G, et al. Effects of combined whole – body vibration and resistance training on muscular strength and bone metabolism in postmenopausal women[J]. Bone, 2010, 47(3): 650 – 656.

[25]RUBIN C, RECKER R, CULLEN D, et al. Prevention of postmenopausal bone loss by a low – magnitude, high – frequency mechanical stimuli: a clinical trial assessing compliance, efficacy, and safety[J]. J Bone Miner Res, 2004, 19(3): 343 – 351.

[26]WU S H, ZHONG Z M, CHEN J T. Low – magnitude high – frequency vibration inhibits RANKL – induced osteoclast differentiation of RAW264.7 cells[J]. Int J Med Sci, 2012, 9(9): 801 – 807.

[27]PICHLER K, LORETO C, LEONARDI R, et al. RANKL is downregulated in bone cells by physical activity

(treadmill and vibration stimulation training) in rat with glucocorticoid – induced osteoporosis[J]. Histol Histopathol, 2013,28(9):1185 – 1196.

[28]HOU W W,ZHU Z L,ZHOU Y,et al. Involvement of Wnt activation in the micromechanical vibration – enhanced osteogenic response of osteoblasts[J]. J Orthop Sci,2011,16(5):598 – 605.

[29]MALDONADO S,FINDEISEN R,ALLGOWER F. Describing force – induced bone growth and adaptation by a mathematical model[J]. J Musculoskelet Neuronal Interact,2008,8(1):15 – 17.

[30]胡军,张华,牟青. 骨质疏松症的流行病学趋势与防治进展[J]. 临床荟萃,2011,26(8):729 – 731.

[31]WATSON S L,WEEKS B K,WEIS L J,et al. High – intensity resistance and impact training improves bone mineral density and physical function in postmenopausal women with osteopenia and osteoporosis:the lIFTMOR randomized controlled Trial[J]. J Bone Miner Res,2018,33(2):211 – 220.

[32]KAI M C,ANDERSON M,LAU E M. Exercise interventions:defusing the world's osteoporosis time bomb [J]. Bull World Health Organ,2003,81(11):827 – 830.

[33]GUTIN B,KASPER M J. Can vigorous exercise play a role in osteoporosis prevention? A review [J]. Osteoporos Int,1992,2(2):55 – 69.

[34]RUBIN C,TURNER A S,MALLINCKODT C,et al. Mechanical strain,induced noninvasively in the high – frequency domain,is anabolic to cancellous bone,but not cortical bone[J]. Bone,2002,30(3):445 – 452.

[35]RUBIN C T,BAIN S D,MCLEOD K J. Suppression of the osteogenic response in the aging skeleton[J]. Calcif Tissue Int,1992,50(4):306 – 313.

[36]JUDEX S,LEI X,HAN D,et al. Low – magnitude mechanical signals that stimulate bone formation in the ovariectomized rat are dependent on the applied frequency but not on the strain magnitude[J]. J Biomech,2007,40(6):1333 – 1339.

4 3个月全身振动训练对绝经后腹部脂肪及血脂的影响

随着高热量膳食和久坐、运动不足等不健康生活方式的盛行，肥胖已成为普遍和日益严重的社会问题。研究证实，过度肥胖，尤其是腹部脂肪过多堆积，是代谢综合征的一个主要危险因素，其导致血中甘油三酯、胆固醇、低密度脂蛋白和葡萄糖水平升高，从而使心脏病、中风和糖尿病的发生概率增加[1-2]。

有氧运动作为一种常用的减肥方法，可以有效提高脂肪消耗，改善体内糖脂水平，提高心肺适能等，从而达到控制体重、降低腹部脂肪量、减少代谢性疾病发生的目的[3]。但由于有氧运动存在运动时间较长、运动节奏单调等不足，大多数人群尤其是肥胖人群难以坚持，因此人们正着力寻找一种风险较低的替代方法。全身振动训练是一种新型的运动方式，其原理是通过振动平台的连续快速振动，使骨骼肌出现连续的向心和离心收缩，增加对肌肉和骨骼的刺激，抑制脂肪的生成[4-5]。

全身振动训练作为一种特殊的力学刺激，近年来逐渐被用于降低体重、提高肌肉力量等[6]，但有关全身振动训练对绝经后女性腹部脂肪及血脂的相关研究鲜有报道。本研究拟通过对绝经后女性进行为期3个月的全身振动训练，研究全身振动训练对腰围、臀围、腹部脂肪及血脂的影响，以期为全身振动训练干预绝经后女性腹型肥胖及血脂升高提供实验依据。本研究结果将可能为运动减肥、改善脂代谢的理论和实践提供一个新思路，为运动减肥人群多提供一种选择。

4.1 研究对象与方法

4.1.1 研究对象

同2.1.1。

4.1.2　全身振动训练方案

同2.1.3。

4.1.3　腹部脂肪及血脂测试方法

在实验开始前测量受试者身高、体重、腰围、臀围、腹部脂肪率、内脏脂肪等级、血液指标等的基础值，并在结束后再次测定。

受试者身高、体重、腰围、臀围的测定均由同一个测试者完成，测试采用单盲测试（测试者不知道分组情况）。腰臀比（waist – to – hip ratio，WHR）是腰围与臀围的比值。身体成分的测试采用美国 GE 公司生产的 lunar prodigy 型 DXA 骨密度仪，测试指标包括全身脂肪百分比（FM%）、全身瘦体重百分比（LBM%）。测试前以随机附带的模块对骨密度仪进行质量控制检测。腹部脂肪相关指标采用日本 TANITA 公司生产的腹部脂肪仪（tanita viscan）测量，此仪器采用生物电阻抗分析法（biodiversity impact assessment，BIA）原理，利用4点接触电极与人体腹部直接接触、多回路方法对人体腹部脂肪率、内脏脂肪等级等指标进行综合分析。

受试者血样的采集要求受试者禁食 12 h 以上，于次日清晨抽取空腹肘静脉血，并于4℃低温离心机离心，取血清。采用 Beckman 全自动生化分析仪测试受试者血清中甘油三酯、胆固醇、低密度脂蛋白及高密度脂蛋白的水平。

4.1.4　数据统计方法

所有数据采用 SPSS 19.0 统计软件进行统计分析，所测数据结果用均数 ± 标准差（mean ± SD）表示。对照组与振动组实验前基础指标差异比较采用独立样本 t 检验；对照组和振动组受试者实验前后各指标的差异比较采用配对样本 t 检验。为进一步分析对照组和振动组受试者测试指标变化的差异，以受试者实验前的基础指标作为协变量，进行 ANCOVA。所有的统计检验均采用双侧检验，显著性水平为 $p < 0.05$，非常显著性水平为 $p < 0.01$。

4.2 研究结果

4.2.1 受试者各项指标的基础值

对对照组和振动组受试者各项指标的基础值进行独立样本 t 检验，结果表明，对照组和振动组受试者的年龄、身高、体重、体重指数（BMI）等各项指标无显著差异；对照组和振动组总体力活动水平无显著差异（表4－1）。

表4－1 受试者身体成分指标的基础值

参数	对照组（$n=23$）	振动组（$n=55$）	p 值
年龄/y	57.13 ±3.79	58.87 ±4.70	$p>0.05$
身高/cm	159.87 ±5.08	158.82 ±5.74	$p>0.05$
体重/kg	62.60 ±9.57	60.95 ±8.04	$p>0.05$
BMI/（kg/m²）	24.50 ±3.58	24.18 ±3.07	$p>0.05$
体力活动水平/（min/d）	779.73 ±128.94	761.62 ±179.27	$p>0.05$

4.2.2 3个月振动训练对身体成分的影响

对各组实验前后数据进行配对样本 t 检验，结果表明，对照组受试者各指标均无显著变化；振动组受试者的 BMI、体重、FM% 显著下降，LBM% 明显上升。以各组受试者实验前的基础值为协变量进行协方差分析，结果表明，振动组和对照组的 BMI、体重、FM%、LBM% 的变化仍具显著差异（表4－2）。

表4－2 受试者实验前后身体成分相关指标的变化

参数	对照组（$n=23$）		振动组（$n=55$）		协方差分析（p 值）
	实验前	实验后	实验前	实验后	
BMI/（kg/m²）	24.50 ±3.58	24.63 ±3.67	24.18 ±3.07	24.00 ±3.15*	0.042#
体重/kg	62.60 ±9.67	62.94 ±9.79	60.95 ±8.04	60.50 ±8.19*	0.039#

续表

参数	对照组（$n=23$）		振动组（$n=55$）		协方差分析（p值）
	实验前	实验后	实验前	实验后	
FM%	37.07 ±5.32	37.05 ±5.52	35.65 ±5.47	34.86 ±5.16**	0.020#
LBM%	59.56 ±5.14	59.54 ±5.31	60.87 ±5.35	61.63 ±5.05**	0.020#

注：$*p<0.05$，$**p<0.01$，与实验前相比；$^{\#}p<0.05$，振动组与对照组相比。

4.2.3　3个月振动训练对腹部脂肪的影响

实验前后，对照组受试者腰臀比显著升高，其余指标无显著性变化；振动组受试者腹部脂肪率显著下降，腰围、臀围、腰臀比及内脏脂肪等级无显著性变化。以各组受试者实验前的基础值为协变量进行协方差分析，结果表明，振动组和对照组的腹部脂肪率的变化仍具显著差异（表4－3）。

表4－3　受试者实验前后腹部脂肪相关指标的变化

参数	对照组（$n=23$）		振动组（$n=55$）		协方差分析（p值）
	实验前	实验后	实验前	实验后	
腰围/cm	80.00 ±9.83	81.15 ±9.43	81.59 ±8.24	81.71 ±8.30	0.288
臀围/cm	94.65 ±6.72	94.54 ±6.69	95.28 ±5.09	94.91 ±5.27	0.584
腰臀比	0.84 ±0.07	0.86 ±0.06*	0.86 ±0.06	0.86 ±0.06	0.401
腹部脂肪率	37.67 ±6.74	37.17 ±6.09	38.43 ±5.23	36.70 ±4.85*	0.017#
内脏脂肪等级	8.21 ±3.54	8.75 ±4.47	8.51 ±2.32	8.45 ±2.88	0.310

注：$*p<0.05$，与实验前相比；$^{\#}p<0.05$，振动组与对照组相比。

4.2.4　3个月振动训练对血液指标的影响

实验前后，对照组受试者血液各项指标无显著性变化；振动组受试者甘油三酯，胆固醇及低、高密度脂蛋白比值显著下降，高密度脂蛋白显著升高，低密度脂蛋白无显著变化。以各组受试者实验前的基础值为协变量进行协方差分析，结果表明，振动组和对照组胆固醇的变化仍具显著差异（表4－4）。

表4－4 受试者实验前后血液指标的变化

参数（mmol/L）	对照组（$n=23$）		振动组（$n=55$）		协方差分析
	实验前	实验后	实验前	实验后	（p 值）
甘油三酯	1.33 ±0.29	1.20 ±0.36	1.72 ±0.95	1.48 ±0.75 *	0.552
总胆固醇	5.51 ±0.71	5.46 ±0.94	5.83 ±0.88	5.22 ±0.87 **	0.029#
高密度脂蛋白	1.35 ±0.15	1.47 ±0.33	1.32 ±0.26	1.53 ±0.29 **	0.434
低密度脂蛋白	2.89 ±0.68	1.88 ±0.57	3.05 ±0.68	3.00 ±0.65	0.666
低、高脂蛋白比值	2.14 ±0.45	2.05 ±0.56	2.39 ±0.69	2.00 ±0.47 **	0.593

注：$*p<0.05$，$**p<0.01$，与实验前相比；$^{\#}p<0.05$，振动组与对照组相比。

4.3 分析与讨论

肥胖，尤其是腹型肥胖与脂代谢异常的关系已得到公认。腹部脂肪所占比例增加是冠心病和2型糖尿病及相关死亡的主要危险因素[7-8]。人体内脂肪分布存在明显的性别差异，相同体量指数下，女性脂肪主要分布在臀部和大腿，男性脂肪主要分布在内脏；而女性绝经后，由于卵巢功能逐渐减退，体内激素水平明显下降，体内脂肪重新分布，出现更明显的腰腹部脂肪堆积，这也使得绝经后女性心、脑血管病发病风险明显增加[9-10,12]。因此，绝经后女性的腹型肥胖、高血脂等引发人们的高度关注。针对女性的这一特点，临床医生及科研工作者正致力于寻找多种方式改善绝经后女性的健康状况。目前，药物及手术治疗对改善肥胖、血脂等具有明显疗效，但与此同时也带来了相应的副作用。因此，运动作为一种安全、有效的方式被多数人采用。既往的研究认为有氧运动是一种温和的减脂降体重方式，可在降低体重的同时避免身体肌肉量丢失，降低心血管疾病的发生率[3]。还有研究认为，抗阻练习是一种有效地降低内脏脂的锻炼方式[13-14]。但对中老年人而言，传统运动方式存在诸多局限性，且容易造成骨骼肌肉相关损失，影响对运动方案的坚持[15]。研究认为，全身振动训练是抗阻练习的一种替代方式[16-17]。它的优势在于通过短时的（一般为10 min）练习，调动大量的肌肉参与收缩，帮助提高肌肉力量，降低体重及脂肪百分比[6,18-19]。它模拟肌肉发放冲动频率范围[20]，诱导肌肉产生张力性牵张反射[19,21]，引起肌肉收缩，从而增加肌肉量，降低脂肪量。另外，在全身振动过程中，人体姿势被动处于轻微不平衡状态，受试者必须积极主动地调节姿势维持身体平衡，从而强化了神经—肌肉系统的参与，神经—肌肉系统的有效锻炼、神经—肌肉系统协调性的提高、肌力的维持均有利于提高平衡能力。由于这种锻炼方式具有风险低、耐受性好、身体虚弱的人也可采用等优点，更适用于中老年人。因此，如果能将此方式运用于改善中老年人的身体成分，将会有广阔的应用前景。

本研究中，78名受试者（振动组55名，对照组23名）完成了全部实验，12名受试者（10名受试者由于个人原因，2名受试者因健康原因）退出本研究。为了检验对照组和振动组受试者基础指标的一致性，本研究分析了两组受试者年龄、身高、体重和BMI的差异性，结果表明，两组受试者各项指标均无显著差异，说明两组受试者的实验前年龄、身高、体重和BMI的均衡性。除此以外，本研究的受试者为来自海淀区三个相邻社区的退休绝经后女性，日常生活习惯也较为一致。但为了消除饮食、体力活动等混杂因素对实验结果造成的影响，本研究要求对照组受试者保持日常生活习惯不变，振动组除参加全身振动训练外，亦保持日常习惯不变，并定期对受试者进行平衡饮食的宣教，旨在使受试者保持健康的饮食习惯，避免节食或暴饮暴食对实验结果造成影响。另外，在实验进行中，采用Actigarph三轴加速度计记录受试者一周的体力活动情况，结果显示，对照组和振动组受试者之间体力活动水平无显著差异。由此说明，对照组和振动组受试者日常体力活动情况较均衡，基本排除受试者日常体力活动水平不同对实验结果的影响。

对受试者实验前后的身体成分相关数据进行分析发现，对照组受试者身体成分各指标均无显著变化；振动组受试者的BMI、体重、FM%显著下降，LBM%明显上升，以各组受试者实验前的基础值为协变量进行协方差分析，结果表明，振动组和对照组的BMI、体重、FM%、LBM%的变化仍具显著差异。由此可见，3个月的全身振动训练对绝经后女性身体BMI、体重、FM%、LBM%均产生良好的影响，在降低身体FM%的同时对LBM%仍有提高作用。有研究发现，30 Hz的全身振动训练可以通过卫星细胞的融合有效抑制肌肉萎缩[22]，使肌肉量增加[23]。另有研究发现，一周2次（50 Hz，4 mm）的全身振动训练可明显提高受试者的肌肉力量和瘦体重量[24]，并可逆转因增龄而导致的肌肉量减少[25]。肌肉量的增加会提高静息水平的能量消耗，从而帮助减轻体重及促进脂肪酸氧化。1 kg瘦体重每天能产生 10 kcal 的能量消耗，推算一年将是 0.5 kg 的脂肪[26]。除此之外，振动刺激可以直接减少脂肪的积累。动物实验的结果表明，15 周的全身振动训练，可抑制脂肪的生产[27]，并可降低肝脏中非酯化游离脂肪酸和甘油三酯的酯化[28]。本研究发现，3 个月的全身振动训练可以显著降低身体的脂肪百分比，与既往研究结果一致[29]，即 10 周的全身振动训练可使肥胖女性 BMI、全身及躯干脂肪量、皮褶厚度及身体围度显著下降。本研究中，全身振动训练干预身体瘦体重的研究结果显示，3 个月全身振动训练仅对瘦体重含量起到维持作用，并未显著升高受试者的瘦体重，与有关全身振动训练对瘦体重的影响既往的报道有所差异。18 名年轻成人（21 ~ 39 岁）完成 12 周的全身振动训练的研究结果显示，身体瘦体重及肌肉力量均无显著变化[30]；另有研究者对 48 名无训练史的年轻女性进行 24 周的全身振动训练，研究结果显示全身振动训练较有氧加抗阻练习更能提高受试者的瘦体重[31]。出现这种差异的原因可能与多方面因素相关，如全身振动训练持续时间、受试者人群特征等。已有的研究认为，年龄相关的肌肉量减少，主要是由于Ⅱ型纤维大小和数量的减少[32]。全身振动训练作为一种特殊的力量练习方式，能够同时募集到快肌纤维和慢肌纤维，在增加肌肉力量的同时会促进肌肉的生长。由此推测，3 个月的全身振动训练所导致的 LBM% 的变化，一方面来自振动刺激的促肌肉合成的效果；另一方面，可能由于全身振动训练明显降低了身体的脂肪含量，因此间接地提高了 LBM%。另外，全身振动训练的振幅也可能影响全身振动训练效果，有研究者对 38 名健康成年人进行 6 周的高幅、低幅两种不同方案的全身振动训练，发现高幅全身振动训练可使瘦体重显著提高[24]。但高幅全身振动训练带给人体的不适感明显增强，可能会影响中老年人对全身振动训练的长期坚持，故在本研究中亦采用低振幅。全身振动训练可显著降低脂肪百分比的原因主要有以下两方面。

第一，为了研究 3 个月全身振动训练对绝经后女性腹部脂肪的影响，本研究观察了 3 个月全身振动训练前后受试者腹部脂肪相关指标的变化。在本研究中，采用腰臀比及生物电阻抗两种方法对受试者腹部脂肪进行评价，结果显示，3 个月实验干预后，对照组受试者腰臀比显著升高，其余指标无显著性变化；振动组受试者除腹部脂肪率显著下降外，其余指标亦无显著变化。以各组受试者实验前的基础值为协变量进行协方差分析后发现，振动组和对照组的腹部脂肪率的变化仍具显著差异，而腰臀比的差异性消失。由此可见，全身振动训练可显著降低腹部脂肪率，但对腰围、臀围、腰臀比等形态学指标没有明显影响。其原因可能是由于3个月的全身振动训练虽可使受试者的腹部脂肪出现明显下降，但下降程度有限，尚未影响受试者的腰围、臀围及腰臀比。既往有关全身振动训练与腹部脂肪的相关研究较少，仅有的一篇报道认为，6个月的全身振动训练可显著降低肥胖或超重成年人的体重和内脏脂肪[33]。既往的研究认为，肥胖，特别是腹型肥胖与高脂血症显著相关[34]。

第二，全身振动训练在降低腹部脂肪率的同时是否可以有效地改善血脂异常，亦是本研究的目的之一。研究结果表明，3个月的全身振动训练对受试者的血脂也产生了有益的影响，振动受试者血清甘油三酯，胆固醇及低、高密度脂蛋白比值均出现显著下降，高密度脂蛋白显著上升；而同期对照组受试者实验前后血脂各项指标均无显著性变化。以各组受试者实验前的基础值为协变量进行协方差分析，振动组和对照组的胆固醇变化仍具显著差异。由此可见，3个月的全身振动训练可有效降低血液中的胆固醇水平。然而，全身振动训练干预腹部脂肪及血脂背后的机制仍不清楚。推测可能与以下因素有关，其一，振动刺激降低内脏的脂肪酸和甘油三酯[28]；其二，振动刺激增加交感神经活性[35]。另外，也应注意全身振动训练所引发骨骼、肌肉、内分泌、神经及血管系统的变化以及其相互作用对机体的影响[36]。

4.4 小结

本研究通过对绝经后女性进行3个月的全身振动训练，分析全身振动训练对其身体成分、腹部脂肪及血脂的影响，结果表明，3个月的全身振动训练可显著降低绝经后女性身体脂肪百分比，并保持瘦体重百分比升高，可在降低脂肪的同时避免肌肉量丢失，显著降低腹部脂肪比例，并可同时降低血液中的胆固醇水平。因此，对绝经后女性而言，全身振动训练可认为是一种安全、有效、易耐受的减肥降脂的干预方法。

【参考文献】

[1]CARR D B,UTZSCHNEIDER K M,HULL R L,et al. Intra - abdominal fat is a major determinant of the National Cholesterol Education Program Adult Treatment Panel III criteria for the metabolic syndrome[J]. Diabetes,2004,53(8):2087 - 2094.

[2]FORD E S,GILES W H,DIETZ W H. Prevalence of the metabolic syndrome among US adults:findings from the third National Health and Nutrition Examination Survey[J]. JAMA,2002,287(3):356 - 359.

[3]OHKAWARA K,TANAKA S,MIYACHI M,et al. A dose - response relation between aerobic exercise and visceral fat reduction:systematic review of clinical trials[J]. Int J Obes(Lond),2007,31(12):1786 - 1797.

[4]MMARINEZ - PARDO E,ROMERO - ARENAS S,MARTINEZ - RUIZ E,et al. Effect of a whole - body vibration training modifying the training frequency of workouts per week in active adults[J]. J Strength Cond Res,2014,28(11):3255 - 3263.

[5]MILANESE C,PISCITELLI F,SIMONI C,et al. Effects of whole - body vibration with or without localized radiofrequency on anthropometry,body composition,and motor performance in young nonobese women[J]. J Altern Complement Med,2012,18(1):69 - 75.

[6]MACHADO A,GARCIA - LOPEZ D,GONZALEZ - GALLEGO J,et al. Whole - body vibration training increases muscle strength and mass in older women:a randomized - controlled trial[J]. Scand J Med Sci Sports,2010,20(2):200 - 207.

[7]TAKAHARA M,KATAKAMI N,KANETO H,et al. Contribution of visceral fat accumulation and adiponectin to the clustering of metabolic abnormalities in a Japanese population[J]. J Atheroscler Thromb,2014,21(6):543 - 553.

[8]MATSUZAWA Y,FUNAHASHI T,NAKAMURA T. The concept of metabolic syndrome:contribution of visceral fat accumulation and its molecular mechanism[J]. J Atheroscler Thromb,2011,18(8):629 - 639.

[9]TOTH M J,TCHERNOF A,SITES C K,et al. Menopause - related changes in body fat distribution[J]. Ann N Y Acad Sci,2000,904:502 - 506.

[10]OABEY N,SENCER E,MOLVALILAR S,et al. Body fat distribution and cardiovascular disease risk factors in pre - and postmenopausal obese women with similar BMI[J]. Endocr J,2002,49(4):503 - 509.

[11]TCHERNOF A,POEHLMAN E T,DESPRES J P. Body fat distribution,the menopause transition,and hormone replacement therapy[J]. Diabetes Metab,2000,26(1):12 - 20.

[12]PARK J K,LIM Y H,KIM K S,et al. Body fat distribution after menopause and cardiovascular disease risk factors:Korean National Health and Nutrition Examination Survey 2010[J]. J Womens Health(Larchmt),2013,22(7):587 - 594.

[13]TSUZEKU S,KAJIOKA T,ENDO H,et al. Favorable effects of non - instrumental resistance training on fat distribution and metabolic profiles in healthy elderly people[J]. Eur J Appl Physiol,2007,99(5):549 - 555.

[14]SCHMITZ K H,HANNAN P J,STOVITZ S D,et al. Strength training and adiposity in premenopausal women:

strong, healthy, and empowered study[J]. Am J Clin Nutr, 2007, 86(3): 566 – 572.

[15] KALLINEN M, MARKKU A. Aging, physical activity and sports injuries. An overview of common sports injuries in the elderly[J]. Sports Med, 1995, 20(1): 41 – 52.

[16] VERSCHUEREN S M, ROELANTS M, DELECLUSE C, et al. Effect of 6 – month whole body vibration training on hip density, muscle strength, and postural control in postmenopausal women: a randomized controlled pilot study [J]. J Bone Miner Res, 2004, 19(3): 352 – 359.

[17] BOGAERTS A C, DELECLUSE C, CLAESSENS A L, et al. Effects of whole body vibration training on cardiorespiratory fitness and muscle strength in older individuals (a 1 – year randomised controlled trial) [J]. Age Ageing, 2009, 38(4): 448 – 454.

[18] SITJA – RABERT M, RIGAU D, FORT VANMEERGHAEGHE A, et al. Efficacy of whole body vibration exercise in older people: a systematic review[J]. Disabil Rehabil, 2012, 34(11): 883 – 893.

[19] TORVINEN S, KANNUS P, SIEVANEN H, et al. Effect of four – month vertical whole body vibration on performance and balance[J]. Med Sci Sports Exerc, 2002, 34(9): 1523 – 1528.

[20] RUBIN C, TURNER A S, BAIN S, et al. Anabolism. Low mechanical signals strengthen long bones [J]. Nature, 2001, 412(6847): 603 – 604.

[21] TORVINEN S, KANNUS P, SIEVANEN H, et al. Effect of 8 – month vertical whole body vibration on bone, muscle performance, and body balance: a randomized controlled study[J]. J Bone Miner Res, 2003, 18(5): 876 – 884.

[22] CECCARELLI G, BENEDETTI L, GALLI D, et al. Low – amplitude high frequency vibration down – regulates myostatin and atrogin – 1 expression, two components of the atrophy pathway in muscle cells[J]. J Tissue Eng Regen Med, 2014, 8(5): 396 – 406.

[23] SCHOENFELD B J. The mechanisms of muscle hypertrophy and their application to resistance training[J]. J Strength Cond Res, 2010, 24(10): 2857 – 2872.

[24] MARTINEZ – PARDO E, ROMERO – ARENAS S, ALCARAZ PE. Effects of different amplitudes (high vs. low) of whole – body vibration training in active adults[J]. J Strength Cond Res, 2013, 27(7): 1798 – 1806.

[25] BOGAERTS A, DELECLUSE C, CLAESSENS AL, et al. Impact of whole – body vibration training versus fitness training on muscle strength and muscle mass in older men: a 1 – year randomized controlled trial[J]. J Gerontol A Biol Sci Med Sci, 2007, 62(6): 630 – 635.

[26] WOLFE R R. The underappreciated role of muscle in health and disease[J]. Am J Clin Nutr, 2006, 84(3): 475 – 482.

[27] MADDALOZZO G F, IWANIEC U T, TURNER R T, et al. Whole – body vibration slows the acquisition of fat in mature female rats[J]. Int J Obes (Lond), 2008, 32(9): 1348 – 1354.

[28] RUBIN C T, CAPILLA E, LUU Y K, et al. Adipogenesis is inhibited by brief, daily exposure to high – frequency, extremely low – magnitude mechanical signals[J]. Proc Natl Acad Sci U S A, 2007, 104(45): 17879 – 17884.

[29] MILANESE C, PISCITELLI F, ZENTI M G, et al. Ten – week whole – body vibration training improves body

composition and muscle strength in obese women[J]. Int J Med Sci,2013,10(3):307 – 311.

[30]OSAWA Y,OGUMA Y,ONISHI S. Effects of whole – body vibration training on bone – free lean body mass and muscle strength in young adults[J]. J Sports Sci Med,2011,10(1):97 – 104.

[31]ROELANTS M,DELECLUSE C,GORIS M,et al. Effects of 24 weeks of whole body vibration training on body composition and muscle strength in untrained females[J]. Int J Sports Med,2004,25(1):1 – 5.

[32]NILWIK R,SNIJDERS T,LEENDERS M,et al. The decline in skeletal muscle mass with aging is mainly attributed to a reduction in type II muscle fiber size[J]. Exp Gerontol,2013,48(5):492 – 498.

[33]VISSERS D,VERRIJKEN A,MERTENS I,et al. Effect of long – term whole body vibration training on visceral adipose tissue:a preliminary report[J]. Obes Facts,2010,3(2):93 – 100.

[34]LAPIDUS L,BENGTSSON C,LARSSON B,et al. Distribution of adipose tissue and risk of cardiovascular disease and death:a 12 year follow up of participants in the population study of women in Gothenburg,Sweden[J]. Br Med J(Clin Res Ed),1984,289(6454):1257 – 1261.

[35]ANDO H,NOGUCHI R. Dependence of palmar sweating response and central nervous system activity on the frequency of whole – body vibration[J]. Scand J Work Environ Health,2003,29(3):216 – 219.

[36]PRISBY R D,LAFAGE – PROUST M H,MALAVAL L,et al. Effects of whole body vibration on the skeleton and other organ systems in man and animal models:what we know and what we need to know[J]. Ageing Res Rev,2008,7(4):319 – 329.

5 MSTN基因多态性与全身振动训练干预脂肪、瘦体重效果的关联研究

本课题组前期研究发现，绝经后女性进行3个月的全身振动训练后，身体成分的变化程度存在较大个体差异。既往研究也发现，全身振动训练对身体成分干预效果的研究褒贬不一。同样的全身振动训练对于不同个体的效果也不尽相同，其原因可能是个体在身体成分相关因子的基因水平上存在差异。个体基因水平上的差异不仅造成个体表型差异，如肤色、鼻子、头发等，还可能造成人群体质特征、运动敏感性的差异。有关基因多态性对运动敏感性的影响早在1983年就得到验证，研究者发现，不同个体对运动产生的生理反应及解剖学变化存在差异，分析其可能与遗传因素有关[1]。既往研究发现，肌肉生长抑素（myostain，MSTN）基因多态性与个体肌肉量和脂肪量相关[2-3]。此外，细胞实验结果表明，30 Hz的全身振动训练可以下调MSTN基因的表达，并通过肌肉卫星细胞的融合有效抑制肌肉萎缩[4]。我们推测，MSTN基因的多态性可能决定了干预因素改变身体成分的先天易感性，全身振动训练干预身体成分的效果与个体差异或与MSTN基因多态性有关。为验证这一假设，本研究选择MSTN基因为目的基因，分析其单核苷酸多态性（single nucleotide polymorphism，SNP）位点多态性与全身振动训练干预身体成分效果的关联性，从而筛选全身振动训练干预身体成分的敏感分子标记，为个性化全身振动训练指导方案的制订提供理论依据。

5.1 研究对象与方法

5.1.1 研究对象

同2.1.1。

5.1.2 身体成分测试方法

同2.1.2。

5.1.3 建立受试者 DNA 数据库

抽取受试者肘静脉血 5 mL，采用 EDTA 抗凝。静脉血中分离白细胞，采用 Promega 品牌试剂盒提取基因组 DNA。提取步骤如下：

（1）加 300 μL 血样到 1.5 mL 微量离心管中。

（2）加 900 μL 细胞溶解液到血样离心管中，颠倒离心管 5 ~6 次，混匀。

（3）室温下孵育混合液 30 min，在孵育过程中颠倒离心管混匀 2 ~3 次，以溶解红细胞，并在室温下以（13 000 ~16 000） ×*g* 离心 20 s，移去上层悬浮液。

（4）旋涡振荡 10 ~15 s 使白细胞细胞核悬浮，加入细胞核溶解液 300 μL，抽吸溶液 5 ~6 次溶解白细胞。溶液应当变得非常黏稠。室温水浴 15 min，溶液变得清亮。如果混匀后能见到细胞块，再加入细胞核溶解液 300 μL，样品加入 100 μL，重复水浴过程。

（5）将 1.5 μL 的 RNase 溶液加入 300 μL 样品中，颠倒离心管 2 ~5 次，37 ℃孵育 15 min，冷却至室温，（13 000 ~16 000） ×*g* 离心 20 s。

（6）加入蛋白沉淀液 100 μL 到溶解液中，旋涡振荡 10 ~ 20 s，室温（13 000 ~16 000） ×*g* 离心 3 min，将上清液转移至装有 300 μL 异丙醇的 1.5 mL 的离心管中，轻柔混匀直到可见白色絮状 DNA 团出现，室温（13 000 ~ 16 000） ×*g* 离心 1 min。

（7）移掉上层溶液，加 1 倍体积的 70% 乙醇入 DNA 中，轻柔颠倒管数次洗涤 DNA 和离心管管壁，室温（13 000 ~16 000） ×*g* 离心 1 min，小心吸去乙醇，将管倒置在干净的吸水纸上自然风干 10 ~15 min。

（8）加入 DNA 水化溶液 100 μL，室温或 4 ℃过夜使 DNA 充分水化，将 DNA 保存于 -80 ℃。

5.1.4 研究位点的选择

MSTN 基因位于染色体 2q32.2，全长约 6 kb，包含 3 个外显子和 2 个内含子。

多态位点的选择遵循以下原则：①有与身体成分相关的阳性结果报道；②美国国家生物技术信息中心（National Center for Biotechnology，NCBI）的 HapMap 数据库中，在汉族人群中杂合度高。基于以上原则，本研究选择了脂联素（adiponectin，ADPN）、MSTN 相关基因 9 个 SNP 位点进行关联研究。

本研究选择位于第 2 外显子、第 2 内含子以及 3' 非翻译区（untranslated region，UTR）的 4 个 SNP，包括 rs1803086、rs3791783、rs7570532、rs3791782，以上 4 个位点均有与身体成分表型相关的阳性报道。

5.1.5 基因分型

本研究采用基质辅助激光解析/电离—飞行时间质谱技术对 SNP 位点进行基因解析。此方法的原理是利用样品分子在电场中的飞行时间与分子的荷质比成正比的原理，通过检测样品分子的飞行时间，测得样品分子量，检测出 SNP 位点的基因型。多态位点分型一般采用引物延伸法，步骤：①扩增含待测位点的核苷酸片段；②针对待测位点，设计单条特异性引物；③单（双）碱基延伸 SNP 位点；④质谱检测，自动分型。

5.1.5.1 基因分型方法

基质辅助激光解析/电离—飞行时间质谱分型实验方法如下。

（1）试剂准备。从 -20 ℃取出 dNTP、引物、$MgCl_2$、10 × PCR Buffer 室温溶解，HotStarTaq -20 ℃保存，使用时取出。

（2）PCR 反应。

①根据已抽提样品编制 384 孔反应表，注明每孔对应的 DNA 样品的编号和所用引物。

②按表在 384 孔板各孔中分别加入 1 μL DNA 模板，贴膜，2 000 × g 离心 10 s 后备用。

③按表 5 - 1 配制 PCR 反应液（以 384 个样本为例）。

表 5－1 PCR 反应液

试剂名称	1rxn/μL	384rxn/μL
H_2O	0.950	380
PCR Buffer（10×，含 15 mmol/L $MgCl_2$）	0.625	250
$MgCl_2$（25 mmol/L）	0.325	130
dNTP（2.5 mmol/L each）	1.000	400
引物使用液	1.000	400
HotStarTaq（5 μ/μL）	0.100	40
终体积	4.000	1600

注：以上 384 孔反应液有 4% 过量。

④取一排 12 联管，每孔加入配置好的 PCR 反应液 133 μL，短暂离心后备用。

⑤用 10 μL 排枪取 12 联管中 PCR 反应液 4 μL，加入已有 1 μL DNA 的 384 孔板中，各孔终体积为 5 μL。

⑥将装有 5 μL 反应液的 384 孔板短暂离心后放入 PCR 仪，运行名为"PCR"的反应程序。

PCR 程序：

94 ℃　15 min

94 ℃　20 s
56 ℃　30 s　} 45 cycles

72 ℃　1 min

72 ℃　3 min

4 ℃　forever

⑦PCR 反应程序结束后，将 384 孔板短暂离心后备用，可在 4 ℃保存。

（3）SAP 处理。

①配制 SAP 反应液。按表 5－2 的次序配制 SAP 反应液（以 384 个样本为例）。

表5-2 SAP 反应液

试剂名称	1 rxn/μL	384rxn/μL
H_2O	1.53	612
SAP Buffer（10×）	0.17	68
SAP 酶（1 μ/μL）	0.30	120
终体积	2.00	800

注：以上 384 孔反应液有 4% 过量。

②取一排 12 联管，将 SAP 反应液以每孔 66 μL 分装，短暂离心后，用 10 μL 排枪分装于 384 孔 PCR 反应板，每孔加 2 μL，封膜、离心。

③将已加入 SAP 反应液的 384 孔板放入 PCR 仪中，运行名为“SAP”的反应程序（SAP 程序：37 ℃，40 min 85 ℃，5 min 4 ℃，forever）。

④反应结束，将 384 孔板取出短暂离心备用。

（4）延伸反应。

①配制 iPlex 反应液（表5-3）。

表5-3 iPlex 反应液

试剂名称	1 rxn/μL	384 rxn/μL
H_2O	0.755	302.0
iPlex Buffer（10×）	0.200	80.0
iPlex Termination mix	0.200	80.0
引物使用液	0.804	321.6
iPlex 酶	0.041	16.4
终体积	2.000	800.0

注：以上 384 孔反应液有 4% 过量。

②取一排 12 联管，将 iPlex 反应液以每孔 66 μL 分装，短暂离心后，用 10 μL 排枪分装于 384 孔 PCR 反应板，每孔加 2 μL，封膜、离心。

③将已加入 iPlex 反应液的 384 孔板放入 PCR 仪中，运行名为“extension”的反应程序。

程序：

94 ℃　30 s

94 ℃　5 s

52 ℃　5 s } 5 cycles } 40 cycles

80 ℃　5 s

72 ℃　3 min

4 ℃　forever

④反应结束，将 384 孔板取出短暂离心备用。

（5）产物纯化。

①取 6 mg 树脂在 384 孔树脂刮板上，均匀覆盖，刮去多余的树脂，放置 20 min。

②将反应结束的 384 孔板 1 000 r/min 离心 1 min，每孔加入 25 μL 去离子水，倒置在树脂板上面（注意固定，不能移位），然后反置将树脂板扣在 384 孔板上，敲击使树脂落入 384 孔板，封膜。

③以 384 孔板的长轴为轴心，翻转 384 孔板 20 min，3 500 r/min、5 min 离心后备用。

（6）检测。

①Nanodispenser SpectroCHIP 芯片点样。将检测样品从 384 孔反应板转移到表面覆盖基质的 MassARRAY SpectroCHIP 芯片。

②MassARRAY Analyzer Compact 质谱检测。将样品转移到 SpectroCHIP 芯片后，即可放入质谱仪进行检测，每个检测点只需 3 ~ 5 s，全自动分析。

③TYPER 软件分析实验结果，获得分型数据。

5.1.5.2　基因分型主要仪器和试剂

PCR 仪（GeneAmp PCR System 9700，Applied Biosystems 公司）、基质辅助激光解吸电离飞行时间质谱仪（Microflex，德国）、D－37520 台式离心机（Thermo 公司）、MassARRAY compact System（SEQUENOM 公司）、G384＋10 SpectroCHIP TM（SEQUENOM 公司）、MassArray TM Nanodispenser（SAMSUNGs 公司）、离心机（Eppendorf 公司）、立式自动电热压力蒸汽灭菌器（上海申安医疗器械厂）、移液枪（Eppendorf 公司）、电泳仪及稳压电源（北京六一仪器厂）、PCR 扩增仪（美国

PE－Cetus）、DNA 测序仪（美国 PE－Cetus）、纯水器（上海）。

HotStarTaq DNA Polymerase（1 000 μ）（包括 lOXPCR Buffer、4X250 units HotStarTaq DNA Polymerase、25 mmol/L $MgCl_2$，Qiagen 公司）、Taq DNA Polymerase、$MgCl_2$、dNTP、lOxbuffer、Marker、dNTP Mixture（TaKaRa 公司）、Primer（上海生工生物工程有限公司）、iPLEX TM Reagent Kit（包括 1 μ/μL SAP 酶、10 X SAP Buffer、iPlex Termination mix、10XiPlex Buffer、iPlex 酶，SEQUENOM 公司）、CLM Resin（SEQUENOM 公司）、Agarose（Spain）。

5.1.6 数据统计方法

所有数据均采用 SPSS 19.0 统计软件完成，所测数据结果用均数 ± 标准差（mean ± SD）表示。统计各类人群中基因型频率和等位基因频率，根据哈温平衡数学表达式：$p^2+2pq+q^2=1$ 和 $p+q=1$，对各个位点不同基因型进行哈温平衡检验。不同基因型人群间指标的差异比较采用单因素方差分析，只有两种基因型的位点采用独立样本 t 检验（样本量小于等于 5 的基因型组与相近基因型组进行合并）。不同基因型受试者训练前后各指标的差异比较采用配对样本 t 检验。为了进一步分析不同基因型受试者指标变化的差异，以实验前基础值为协变量，采用 ANCOVA，以分析不同基因型受试者对振动的敏感性。采用单因素方差分析中的计划比较（planned contrast），分析相同基因型对照组和振动组受试者振动前后身体成分变化量的差异。所有的统计检验均采用双侧检验，显著性水平为 $p<0.05$，非常显著性水平为$p<0.01$。

5.2 研究结果

5.2.1 MSTN 基因 SNP 位点检测基本情况

对 78 名振动组受试者 MSTN 基因的 9 个 SNP 位点进行哈温平衡检验，结果显示，各位点基因型分布均符合哈温平衡。在飞行质谱基因分型检测中，个别受试者的个别位点检测失败，各个位点实际成功检测位点数、人数、基因型分布、哈温平衡检测结果见表 5－4。

表 5－4 MSTN 基因 SNP 位点基本情况

基因	多态位点	*n*	基因型			哈温检验
			AA	AB	BB	
MSTN	rs1805086	78	AA/75	GA/3	GG/0	$p>0.05$
	rs3791783	78	GG/3	GA/25	AA/50	$p>0.05$
	rs7570532	78	CC/3	TC/25	TT/50	$p>0.05$
	rs3791782	78	TT/58	TC/30	CC/0	$p>0.05$

5.2.2 MSTN 基因 rs1805086 位点

对 rs1805086 位点分型分析中发现，只有 3 人为 GA 基因型，其余 75 人均为 AA 型，由于 GA 基因型人数过少，对此位点未进行其与身体成分的关联性分析，也未进行基因型与全身振动训练干预身体成分效果的关联性分析。

5.2.3 MSTN 基因 rs3791783 位点

5.2.3.1 rs3791783 多态性与身体脂肪、瘦体重基础值的关联性

对 78 名受试者 MSTN 基因 rs3791783 不同基因型受试者与身体成分基础指标的关联性分析发现，AA 型与 GA + GG 型受试者 BMI、体重、FM%、LBM% 以及下肢、躯干、全身的脂肪含量和瘦体重含量均无差异（数据略）。

5.2.3.2 rs3791783 多态性与全身振动训练对全身脂肪、瘦体重干预效果的关联性

在实验前，不同基因型受试者身体成分各指标之间没有显著性差异。经过 3 个月全身振动训练，AA 基因型受试者的 BMI、体重、FM% 显著下降，LBM% 显著升高；而 GA + GG 基因型受试者各指标均无出现显著差异。以受试者实验前基础值为协变量进行协方差分析发现，不同基因型之间 FM% 和 LBM% 变化的差异性仍存在，AA 型受试者的 FM%、LBM% 的变化量显著大于 GA + GG 型（表 5－5）。不同基因型受试者全身振动训练前后 FM%、LBM% 的变化如图 5－1 所示。

表 5－5　MSTN rs3791783 多态性与全身脂肪、瘦体重变化的关联性

参数	AA 型（$n=34$）		GA＋GG 型（$n=21$）		协方差分析
	实验前	实验后	实验前	实验后	
BMI	24.49 ± 3.24	24.28 ± 3.32	23.68 ± 2.79	23.55 ± 2.88	$p>0.05$
体重/kg	61.41 ± 7.73	60.90 ± 8.02	60.2 ± 8.65	59.86 ± 8.62	$p>0.05$
FM%	36.35 ± 5.35	35.18 ± 4.99**	34.51 ± 5.61	34.34 ± 5.52	$p<0.05$
LBM%	60.27 ± 5.28	61.42 ± 4.93**	61.83 ± 5.45	61.96 ± 5.34	$p<0.05$

注：** $p<0.01$，与实验前相比。

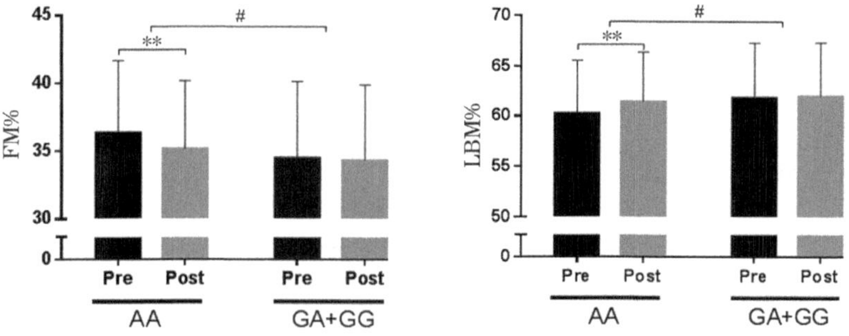

图 5－1　rs3791783 不同基因型 FM%、LBM% 的变化

注：** $p<0.01$，实验前与实验前相比；# $p<0.05$，不同基因型相比。

采用单因素方差分析中的计划比较对相同基因型的对照组和振动组受试者全身脂肪、瘦体重变化量进行比较。结果显示，AA 型振动组受试者 FM% 减少量、LBM% 增加量均显著大于 AA 型对照组受试者，BMI 和体重变化量两者间无显著差异；而 GA＋GG 型振动组和对照组受试者之间各指标均无显著差异（表 5－6）。相同基因型对照组和振动组受试者 FM%、LBM% 变化量的比较如图 5－2 所示。

表5-6 MSTN rs3791783 相同基因型受试者全身脂肪、瘦体重变化量的比较

参数	AA 型			GA+GG 型		
	对照组（$n=16$）	振动组（$n=34$）	p 值	对照组（$n=7$）	振动组（$n=21$）	p 值
BMI	0.13±0.64	-0.21±0.10	$p>0.05$	0.13±0.72	-0.13±0.10	$p>0.05$
体重/kg	0.33±0.33	-0.51±0.26	$p>0.05$	0.35±0.16	-0.34±0.26	$p>0.05$
FM%	0.44±1.66	-1.17±1.47	$p<0.01$	-1.07±1.29	-0.17±0.99	$p>0.05$
LBM%	-0.50±1.70	1.15±1.46	$p<0.01$	1.10±1.32	0.13±0.99	$p>0.05$

注：变化量=实验后测量值-实验前测量值。

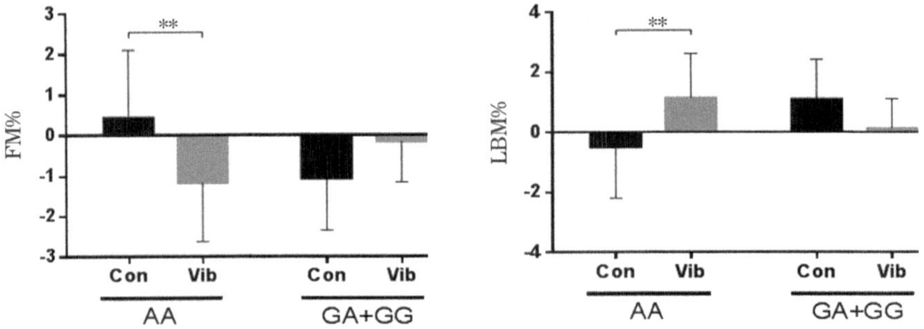

图5-2 相同基因型对照组和振动组受试者 FM%、LBM%变化量的比较

注：** $p<0.01$，相同基因型的对照组和振动组相比。

5.2.3.3 rs3791783 多态性与振动训练对身体局部脂肪、瘦体重干预效果的关联性

经过3个月全身振动训练，AA 基因型受试者下肢、躯干以及全身脂肪含量均显著下降，躯干及全身瘦体重含量显著增加；而 GA+GG 基因型受试者除下肢脂肪含量显著下降外，其余指标均无显著变化；以受试者实验前基础值为协变量进行协方差分析发现，只有 AA 型受试者全身瘦体重的变化量显著高于 GA+GG 受试者（表5-7）。不同基因型受试者全身振动训练前后全身 LBM% 的变化如图5-3所示。

表 5 -7 MSTN rs3791783 多态性与各部位脂肪、 瘦体重变化的关联性

参数/kg	AA 型（$n=34$）		GA + GG 型（$N=19/2$）		协方差分析
	实验前	实验后	实验前	实验后	
下肢 FM	6.78 ± 1.86	6.37 ± 1.82**	6.40 ± 1.82	6.17 ± 1.74*	$p>0.05$
躯干 FM	13.08 ± 3.42	12.64 ± 3.27**	11.89 ± 3.63	11.88 ± 3.52	$p>0.05$
全身 FM	22.58 ± 5.54	21.68 ± 5.32**	21.05 ± 5.89	20.84 ± 5.71	$p>0.05$
下肢 LBM	11.77 ± 1.25	11.74 ± 1.34	11.99 ± 1.70	11.84 ± 1.79	$p>0.05$
躯干 LBM	18.58 ± 2.12	18.93 ± 2.36*	18.30 ± 2.01	18.30 ± 1.98	$p>0.05$
全身 LBM	36.76 ± 3.63	37.17 ± 3.87*	36.95 ± 4.10	36.82 ± 4.09	$p<0.05$

注：* $p<0.05$，** $p<0.01$，与实验前相比。

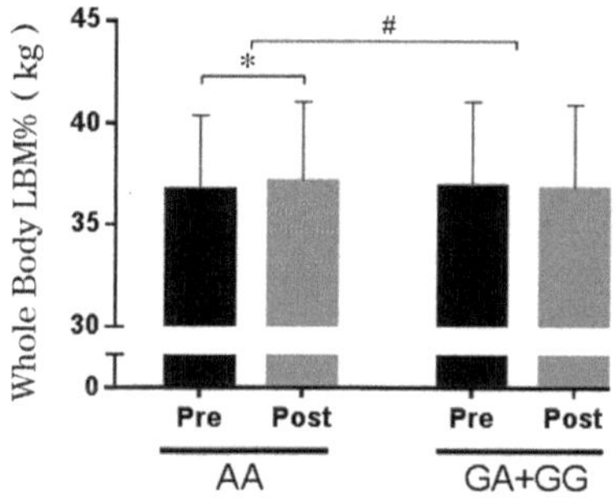

图 5 -3 不同基因型受试者振动训练前后全身 LBM 的变化

注：* $p<0.05$，实验后与实验前相比；# $p<0.05$，不同基因型相比。

采用单因素方差分析中的计划比较对相同基因型的对照组和振动组受试者各部位脂肪、瘦体重变化量进行比较。结果显示，AA 型振动组受试者下肢、躯干以及全身脂肪含量的减少量，躯干及全身瘦体重含量增加量均显著大于 AA 型对照组受试者；而 GA + GG 型振动组受试者除全身瘦体重含量增加量显著低于 GA + GG 型对照组受试者外，其余指标的变化量均无显著差异（表 5 -8）。

表 5 - 8 MSTN rs3791783 相同基因型受试者各部位脂肪、 瘦体重变化量的比较

参数/kg	AA 型			GA + GG 型		
	对照组 ($n=16$)	振动组 ($n=34$)	p 值	对照组 ($n=7$)	振动组 ($n=21$)	p 值
下肢 FM	-0.07 ± 0.33	-0.41 ± 0.09	$p<0.05$	-0.27 ± 0.16	-0.23 ± 0.08	$p>0.05$
躯干 FM	0.47 ± 0.09	-0.44 ± 0.15	$p<0.01$	-0.26 ± 0.07	0.004 ± 0.16	$p>0.05$
全身 FM	0.42 ± 0.24	-0.90 ± 0.21	$p<0.01$	-0.48 ± 0.11	-0.22 ± 0.21	$p>0.05$
下肢 LBM	0.02 ± 0.21	-0.03 ± 0.07	$p>0.05$	0.14 ± 0.13	-0.15 ± 0.10	$p>0.05$
躯干 LBM	-0.27 ± 0.12	0.35 ± 0.16	$p<0.05$	0.54 ± 0.06	0.002 ± 0.17	$p>0.05$
全身 LBM	-0.13 ± 0.25	0.41 ± 0.17	$p<0.05$	0.84 ± 0.12	-0.13 ± 0.17	$p<0.05$

注：变化量 = 实验后测量值 - 实验前测量值。

5.2.4 MSTN 基因 rs7570532 位点

研究结果与 rs3791783 一致。

5.2.5 MSTN 基因 rs3791782 位点

5.2.5.1 rs3791782 基因多态性与脂肪、瘦体重基础值的关联性

对 78 名受试者 MSTN 基因 rs3791782 不同基因型与身体成分基础指标的关联性分析发现，TT 型与 TC 型受试者 BMI、体重、FM%、LBM% 以及下肢、躯干及全身的脂肪含量和瘦体重含量均无差异（数据略）。

5.2.5.2 rs3791782 多态性与振动训练对全身脂肪、瘦体重干预效果的关联性

实验前，不同基因型受试者身体成分各指标之间没有显著性差异（$p>0.05$）。经过 3 个月全身振动训练，TT 基因型受试者的 BMI、体重、FM% 均显著下降，LBM% 显著上升；而 TC 基因型受试者各指标均无显著差异；以受试者实验前基础值为协变量进行协方差分析发现，TT 型受试者全身振动训练前后 FM%、LBM% 的变化量显著大于 TC 型受试者（表 5 -9）。

表 5－9　MSTN rs3791782 多态性与全身脂肪、瘦体重变化的关联性

参数/kg	TT 型（$n=39$）		TC 型（$N=16$）		协方差分析
	实验前	实验后	实验前	实验后	
BMI	24.03 ± 3.34	23.83 ± 3.40*	24.53 ± 2.34	24.43 ± 2.48	$p>0.05$
体重/kg	60.62 ± 7.59	60.11 ± 7.86*	61.75 ± 9.25	61.46 ± 9.14	$p>0.05$
FM%	35.53 ± 5.53	34.52 ± 5.05**	35.92 ± 5.49	35.70 ± 5.51	$p<0.05$
LBM%	61.03 ± 5.42	62.03 ± 4.96**	60.46 ± 5.31	60.66 ± 5.30	$p<0.05$

注：* $p<0.05$，** $p<0.01$，与实验前相比。

采用单因素方差分析中的计划比较对相同基因型的对照组和振动组受试者实验前后全身脂肪、瘦体重变化量进行比较。结果表明，TT 型振动组受试者的 FM%、LBM% 的变化量显著大于 TT 型对照组；而 TC 型振动组受试者各指标的变化量与 TC 型对照组无显著差异（表 5－10）。

表 5－10　MSTN rs3791782 相同基因型受试者各部位脂肪、瘦体重变化量的比较

参数	TT 型			TC 型		
	对照组（$n=19$）	振动组（$n=39$）	p 值	对照组（$n=4$）	振动组（$n=16$）	p 值
BMI	0.07 ± 0.62	−0.21 ± 0.09	$p>0.05$	0.39 ± 0.85	−0.10 ± 0.12	$p>0.05$
体重/kg	0.19 ± 0.33	−0.51 ± 0.24	$p>0.05$	1.03 ± 0.16	−0.29 ± 0.29	$p>0.05$
FM%	0.24 ± 1.61	−1.02 ± 1.44	$p<0.01$	−1.26 ± 1.66	−0.22 ± 1.08	$p>0.05$
LBM%	−0.29 ± 1.66	0.99 ± 1.44	$p<0.01$	1.33 ± 1.65	0.20 ± 1.08	$p>0.05$

注：变化量 = 实验后测量值 − 实验前测量值。

5.2.5.3　rs3791782 多态性与振动训练对身体局部脂肪、瘦体重干预效果的关联性

经过 3 个月的全身振动训练，TT 基因型受试者的下肢、躯干以及全身脂肪含量均显著下降，下肢、躯干及全身瘦体重含量未见显著变化；而 TC 基因型受试者各指标均未见显著变化；以受试者实验前基础值为协变量进行协方差分析发现，TT 型和 TC 型身体各部位脂肪、瘦体重变化量未见显著性差异（表 5－11）。

表5－11 MSTN rs3791782多态性与身体脂肪、瘦体重变化的关联性

参数/kg	TT型（$n=39$）		TC型（$N=16$）		协方差分析
	实验前	实验后	实验前	实验后	
下肢FM	6.61±1.82	6.21±1.76**	6.71±1.94	6.49±1.85*	$p>0.05$
躯干FM	12.55±3.55	12.17±3.34**	12.81±3.54	12.79±3.47	$p>0.05$
全身FM	21.82±5.60	21.00±5.31**	22.44±6.00	22.21±5.83	$p>0.05$
下肢LBM	11.74±1.20	11.69±1.29	12.14±1.88	12.00±1.98	$p>0.05$
躯干LBM	18.58±2.05	18.86±2.31	18.20±2.16	18.27±2.00	$p>0.05$
全身LBM	36.73±3.47	37.05±3.77	37.08±4.56	37.01±4.40	$p>0.05$

注：* $p<0.05$，** $p<0.01$，与实验前相比。

采用单因素方差分析中的计划比较对相同基因型对照组和振动组受试者实验前后身体成分变化量进行比较。结果显示，TT型振动组受试者的下肢、躯干及全身脂肪含量减少量以及躯干瘦体重含量增加量均显著大于TT型对照组受试者；TC型振动组受试者全身瘦体重含量增加量显著低于TC型对照组受试者，其余指标的变化量均无显著差异（表5－12）。

表5－12 MSTN rs3791782相同基因型受试者各部位脂肪、瘦体重变化量的比较

参数/kg	TT型			TC型		
	对照组（$n=19$）	振动组（$n=39$）	p值	对照组（$n=4$）	振动组（$n=16$）	p值
下肢FM	－0.09±0.33	－0.39±0.08	$p<0.05$	－0.31±0.16	－0.22±0.10	$p>0.05$
躯干FM	0.31±0.09	－0.38±0.13	$p<0.01$	－0.04±0.07	－0.02±0.19	$p>0.05$
全身FM	0.24±0.24	－0.81±0.19	$p<0.01$	－0.31±0.11	－0.23±0.26	$p>0.05$
下肢LBM	0.04±0.21	－0.04±0.07	$p>0.05$	0.14±0.13	－0.15±0.13	$p>0.05$
躯干LBM	－0.25±0.12	0.27±0.15	$p<0.05$	1.05±0.06	0.07±0.20	$p>0.05$
全身LBM	－0.09±0.25	0.31±0.16	$p>0.05$	1.36±0.12	－0.06±0.18	$p<0.01$

注：变化量＝实验后测量值－实验前测量值。

5.3 分析与讨论

MSTN 基因是调节人和动物肌肉生长发育的基因之一。既往研究已经发现，狗、牛、鼠等动物都有 MSTN 基因变异致使动物出现“双倍肌肉”的情况[5-7]。2004 年，研究发现一例儿童肌肉异常发达现象，其原因是 MSTN 基因第 1 内含子的一个位点 G－A 突变导致 MSTN 表达失活[8]。此后，研究者发现 MSTN 与脂代谢存在密切关系，多项研究表明，敲除 MSTN 基因或过表达其抑制性前肽，可减缓机体的脂肪的累积[9-10]。还有研究发现，MSTN 基因不同基因型人群力量训练后，肌肉的增加量显著不同[11]，但迄今为止，未见到 MSTN 基因多态性与全身振动训练干预脂肪、瘦体重效果的关联研究。本研究通过对 MSTN 基因 4 个 SNP 位点与身体成分表型的相关性分析发现，4 个 SNP 位点均与身体成分表型无相关性；rs3791783、rs7570532 和 rs3791782 位点多态性与全身振动训练干预脂肪、瘦体重的效果具有关联性。

5.3.1 rs1805086 多态性与振动训练干预脂肪、瘦体重效果的关联

MSTN 基因 rs1805086 ［Lys（K）153Arg（R）］ 位于第 2 外显子，变异使得编码氨基酸的密码子由 AAG 变为 AGG，编码的氨基酸由赖氨酸变成精氨酸，从而改变 MSTN 基因编码的蛋白质。在既往的研究中，此位点会被认为是影响骨骼肌表型的候选基因[12]。不仅如此，此位点还被认为是力量练习的敏感位点。健康汉族青年男性进行 8 周的力量训练后，KR 型受试者个体较 KK 型受试者出现更显著的肱二头肌和股四头肌厚度增加[11]。但本研究所测的 78 名受试者仅有 3 例为 GA 型，其余 75 例均为 AA 型，由于 GA 型例数过少，无法对该位点进行身体成分表型与基因型的相关性分析。这与此前对健康汉族青年男性的研究结果有所不同，出现这种情况的原因可能与样本选择的特征性（如性别）以及样本量等有关。由于该位点被认为是力量练习敏感的分子标记位点，今后有必要扩大样本量对该位点进行进一步的研究。

5.3.2 rs3791783 多态性与振动训练干预脂肪、瘦体重效果的关联

既往对汉族人的研究结果显示，MSTN 基因 rs3791783/AA 型人群拥有更高的

体重、体重指数、腰围等，认为 AA 基因型较 GG 基因型具有更高的肥胖发生风险[13]。另有研究者对汉族男性的研究结果显示，rs3791783 与躯干脂肪量显著相关[2]。本研究中，对 78 名绝经后女性不同基因型间身体成分指标的分析发现，MSTN 基因 rs3791783 不同基因型受试者的体重、BMI、FM%、LBM% 以及下肢、躯干的脂肪含量、瘦体重含量均无显著差异。此结果与既往的研究结果存在较大差异。推测出现差异的原因包括两方面：一方面，可能与受试者的性别、肥胖程度以及样本量不同有关；另一方面，由于身体成分表型容易受年龄、性别、身体活动水平等环境因素的影响，或许是性别、年龄、体力活动水平等环境因素掩盖了基因型对身体成分表型的影响，出现基因多态性与身体成分表型无显著相关的研究结果。此外，本研究的总样本量为 78 例，对于群体研究而言，本研究样本量欠规模，可能也是出现差异的原因。

对此位点基因型与全身振动训练前后身体成分变化的相关性分析发现，3 个月的全身振动训练可显著降低 AA 型受试者的 BMI、体重，并可降低 FM%，升高 LBM%；而 GA + GG 型受试者的 BMI、体重、FM% 和 LBM% 均无显著变化，且两种基因型之间 FM%、LBM% 的变化量有显著差异。由此可见，在同一全身振动训练方案的作用下，AA 型受试者较 GA + GG 型受试者对全身振动训练更为敏感，可认为 rs3791783 位点为全身振动训练敏感的分子标记。为了进一步验证此结论的可靠性，本研究采用单因素方差分析中的计划比较分析相同基因型的对照组和振动组受试者身体脂肪、瘦体重变化的差异。结果表明，AA 型振动组受试者 FM% 的下降量以及 LBM% 的升高量显著大于 AA 型对照组；而对 GA + GG 型振动组受试者 FM%、LBM% 的变化量与 GA + GG 型对照组无显著差异。此结果也证实了上述“AA 型较 GA + GG 型受试者对全身振动训练更为敏感”的结论，可认为 rs3791783 位点为全身振动训练干预身体脂肪、瘦体重的敏感分子标记。

对身体各部位身体成分的分析发现，全身振动训练可使 AA 型受试者下肢、躯干以及全身脂肪含量显著降低，躯干及全身瘦体重显著增加；而全身振动训练对 GA + GG 型受试者的影响极其有限，除下肢脂肪量下降，余指标均无显著变化。以受试者实验前基础值作为协变量进行协方差分析发现，AA 型和 GA + GG 型全身肌肉含量变化的差异仍存在，说明全身振动训练对 AA 型受试者全身肌肉含量有显著影响。对各组实验前后的身体成分变化值进行单因素方差分析计划比较发现，AA

型振动组受试者下肢、躯干、全身脂肪含量及躯干脂肪含量的变化量显著大于 AA 型对照组受试者；而 GA + GG 型振动组受试者全身瘦体重含量的改变幅度还不及对照组。由此可见，虽然 3 个月的全身振动训练可以显著降低绝经后女性的身体脂肪量，对身体瘦体重含量却无显著影响，但对于 AA 型受试者而言，3 个月全身振动训练不仅可以显著降低身体脂肪量，还可显著增加身体瘦体重含量。

既往研究表明，一些因子的基因多态性造成个体对同一种干预方案的效应不同，其可能是不同的等位基因对振动刺激的敏感程度不同所致[11,14-16]。由此可以推测，MSTN 基因 rs3791783 位点可能是全身振动训练干预身体成分的敏感分子标记，其多态性可能决定了身体成分改变的先天易感性。由此可认为，MSTN 基因 rs3791783 位点可作为全身振动训练干预身体成分的敏感分子标记，AA 型可认为是全身振动训练敏感基因型。

rs3791783 位于 MSTN 基因第 2 内含子，内含子不编码蛋白，但是其参与 DNA 的转录，转录后内含子部分从初级转录本中准确除去，产生有功能的 mRNA。内含子在基因调控中作用的发挥，一方面是由于内含子中可能含有某些转录因子的结合位点，可以调控转录过程；另一方面，内含子在基因剪切过程中起到重要作用。之前就有研究发现，一例儿童 MSTN 基因第 1 内含子的一个位点 G - A 突变，引起 MSTN 表达失活，导致肌肉异常发达[8]。由此推测，rs3791783 的变异可能在一定程度上影响了 MSTN 的生物功能，并可能决定了外界环境因素（如全身振动训练）对身体成分影响的先天易感性，从而影响了个体对全身振动训练的敏感性。鉴于 MSTN 基因 rs3791783 对身体脂肪、肌肉生长调控的相关研究较少，此类研究还需进一步深入。

值得说明的是，对 GA + GG 型受试者而言，虽然全身振动训练的效果极其有限，但上述结果中全身瘦体重的增加幅度还不及对照组这一结果仍值得商榷。由于样本量的限制，本研究对照组中 GA + GG 型受试者仅有 7 例，对于群体研究而言，7 例的样本量尚不足以代表此基因型人群的表型特征。此结果的出现是与样本量过少有关，还是全身振动训练果真会降低此基因型受试者的瘦体重？这一问题的回答，还需在今后的研究中收集更多样本，对该位点基因多态性与全身振动训练干预身体成分效果的关系作更明确、更深入的研究。

5.3.3 rs7570532 多态性与振动训练干预脂肪、瘦体重效果的关联

既往有关 MSTN 基因 rs7570532 位点的研究报道较少，仅有的一篇报道认为，MSTN 基因 rs7570532 多态位点不同基因型群体间，体重和体重指数具有显著差异[17]。本研究中，对全身振动训练前各项数据分析发现，rs7570532 位点不同基因型受试者之间，体重、BMI、FM%、LBM% 等指标无统计学差异，这与既往的研究结果不一致[17]。对 rs7570532 位点不同基因型受试者全身振动训练前后的数据分析发现，经过 3 个月的全身振动训练后，不同基因型受试者身体成分出现不同的改变。由此可见，MSTN 基因 rs7570532 可以是全身振动训练干预身体成分的敏感分子标记。

5.3.4 rs3791782 多态性与振动训练干预脂肪、瘦体重效果的关联

本研究发现，MSTN 基因 rs3791782 不同基因型受试者的体重、BMI、FM%、LBM%，以及下肢、躯干及全身的脂肪含量、瘦体重含量均无显著差异。以上研究结果与对汉族人的研究结果一致，该研究认为，rs3791782 位点多态性与体重、体重指数、腰围等均无显著相关[13]。

在对此位点不同基因型受试者全身振动训练前后身体成分变化的关联性分析中发现，TT 型受试者进行 3 个月的全身振动训练后，BMI、体重、FM%、LBM% 均出现显著下降，而 TC 型受试者以上各项指标均无显著变化；以受试者实验前的数据作为协变量进行协方差分析后发现，不同基因型受试者进行 3 个月的全身振动干预后 FM% 和 LBM% 的变化仍有显著差异。为了进一步验证 rs3791782 不同基因型受试者对全身振动训练的敏感性，采用单因素方差分析中的计划比较，分析相同基因型的对照组和振动组受试者实验前后身体成分的变化量。结果表明，TT 型振动组受试者的 FM% 减少量以及 LBM% 的增加量均显著大于 TT 型对照组受试者；而 TC 型振动组受试者各指标的变化量与 TC 型对照组无显著差异。此结果与上述 rs3791783 位点结果较为一致。

对身体不同部位脂肪、瘦体重含量的分析发现，经过 3 个月的全身振动训练，TT 型受试者下肢、躯干及全身脂肪含量显著下降，TC 型受试者无显著变化。协方差分析发现，两种基因型之间下肢、躯干及全身脂肪变化量的差异消失。单因素

方差分析中的计划比较结果认为，TT 型振动组受试者的下肢、躯干及全身脂肪含量以及躯干瘦体重的变化量显著大于 TT 型对照组受试者；而 TC 型振动组受试者全身瘦体重含量增加量甚至显著低于 TC 型对照组受试者。此结果与上述 rs3791783 的相关结果略有差异，差异在于 rs3791782 不同基因型受试者身体瘦体重含量变化没有差异，也就是说，rs3791782 基因多态性不能区分出全身振动训练对全身瘦体重影响的差异性。

总的来说，rs3791782 不同基因型受试者对全身振动训练的敏感性有所不同，TT 型受试者较 TC 型受试者更为敏感。rs3791782 位于 3' 非翻译区（3'UTR），是成熟的信使 RNA（mRNA）编码区下游的一段非翻译序列。3'UTR 区域位点的突变并不改变编码蛋白质的种类，但其可能在基因的表达中起调控作用。另外，3'UTR 有 siRNA、miRNA 的靶位点，当 siRNA 或 miRNA 与靶位点结合后可导致 mRNA 的降解或抑制 mRNA 翻译起始，从而影响基因的表达。由此推测，rs3791782 通过影响 3'UTR 多态性，影响 DNA 的转录以及 mRNA 的稳定性，从而影响蛋白质的表达，使不同个体对全身振动训练的反应有不同；此位点的变异也可能通过影响酶活性或功能的改变，来影响个体对全身振动训练的敏感性，从而使不同基因型人群在进行 3 个月振动后，身体脂肪、瘦体重出现不同的变化。鉴于 MSTN 基因 rs3791782 在身体脂肪、肌肉生长调控中的重要作用，相关研究还需进一步深入。

针对 TC 型振动组受试者出现全身瘦体重含量增加量甚至显著低于 TC 型对照组的研究结果，分析仍与样本量有关，本研究对照组中 TC 型对照组受试者仅有 4 例。未来，还应通过增加样本量，对以上研究结果进行更明确、更深入的探讨分析。

5.4 小结

本研究以北京市绝经后女性为研究对象，通过 MSTN 基因位点多态性与 3 个月全身振动训练对脂肪、瘦体重干预效果的关联分析，得出以下结论：

（1）MSTN 基因 rs3791783 与全身振动训练干预脂肪、瘦体重的效果具有相关性，AA 型受试者对全身振动训练更敏感，提示 MSTN 基因 rs3791783 多态性可能为全身振动训练干预身体脂肪、瘦体重的敏感分子标记。

（2）MSTN 基因 rs7570532 与 rs3791783 数据完全一致，此位点也可能为全身振动训练干预身体脂肪、瘦体重的敏感分子标记。

（3）MSTN 基因 rs3791782 与全身振动训练前后身体脂肪和瘦体重的变化有关联，其中 TT 型人群对全身振动训练更敏感。提示 MSTN 基因 rs3791782 可能为全身振动训练干预身体脂肪、瘦体重的敏感分子标记。

5.5 文献综述

5.5.1 多态性的相关研究

人类个体有 99.9% 的基因序列是相同的，不同个体间 DNA 的差异只占 0.1%。正是这一小部分的差异造成人类在身材、肤色、体形及对疾病易感性和对药物反应性等方面的千差万别。基因多态性是在遗传学上影响机体不同表型的主要决定因素之一，其中单核苷酸多态性位点（single nucleotide polymorphism，SNP），是继限制性酶切片段长度多态性（restriction fragment length polymorphism，RFLP）、微卫星序列多态性之后的第三代遗传分子标记，是人类基因组中最常见的多态性。它是指基因组中经常出现的单个 DNA 的变化，这种变异涉及 DNA 序列中一个碱基对另外一个碱基的随机替换，发生随机替换的位点称为 SNP。随着分子生物学技术的发展、人类基因图谱绘制的完成，有关基因多态位点的文章数量飞速增加，本研究选择与身体成分相关的基因，查阅 NCBI 数据库，选择有研究报道的多态位点，做如下综述。

5.5.2 MSTN 基因的相关研究

MSTN 又被称转化生长因子 8（growth differentiating factor，GDF－8），是 TGF－β超家族成员，是调节人和动物肌肉生长发育的最强有力的基因之一[5-7]。它不仅可以抑制骨骼肌的生长和分化，还可通过多种途径调节脂肪的生长。它位于染色体 2q32.2，包含 3 个外显子和 2 个内含子，编码 376 个氨基酸。MSTN 前体蛋白包括信号肽、N 端前肽和 C 端前肽，经过 2 次酶切后进入细胞核，调控靶基因。MSTN 在肌肉的生长过程中发挥着重要作用，牛、狗、鼠等动物都有 MSTN 基因变异失活而出现“双倍肌肉”的情况[5-7]。2004 年，发现一例儿童 MSTN 基因第 1 内含子的 g IVSI +5 位点 G - A 突变，引起 MSTN 表达失活，导致肌肉异常发达[8]。此后，研究者又发现 MSTN 与脂代谢关系密切，多项体内实验发现敲除 MSTN 基因可减缓机体的脂质累积[9-10]，即使在高脂饮食的情况下仍能减缓脂肪的堆积[18]。

尽管 MSTN 基因多态性对 MSTN 功能影响的分子机制还没有明晰，但有多项研究证实，MSTN 基因多态性与人体的身体成分密切相关。对我国 400 名男性的研究发现，rs3791783 与躯干脂肪量显著相关[2]；对我国 297 名健康汉族人及 606 名肥胖汉族人的研究亦发现，MSTN 基因 rs3791783/AA 型人群拥有更高的体重、体重指数和腰围等，AA 基因型较 GG 基因型具有更高的肥胖发生风险，而 MSTN 基因 rs3791782 与体重、体重指数、腰围等肥胖指标无关[13]。

MSTN 的基因多态性不仅与身体的肌肉含量、脂肪含量相关，而且还与运动训练产生的反应有关。研究发现，对 94 名未受过运动训练的健康青年男性进行 8 周的力量训练后，rs1805086/AT + TT 型受试者个体出现显著的肱二头肌厚度增加[11]。本研究选择位于第 2 外显子、第 2 内含子以及 3’uTR 的 4 个 SNP，包括 rs1805086、rs3791783、rs7570532、rs3791782。以上 4 个位点均有与身体成分表型相关的阳性报道。rs1805086 位于第 2 外显子，变异使得编码氨基酸的密码子由 AAG 变为 AGG，编码的氨基酸由赖氨酸变成精氨酸，从而改变 MSTN 基因编码的蛋白质。在既往研究中，此位点会被认为是影响骨骼肌表型的候选基因[12]，不仅如此，此位点还被认为是力量练习的敏感位点。有研究者对我国汉族人群研究发现，健康青年男性进行 8 周的力量训练后，KR 型受试者个体较 KK 型出现更显著的肱二头肌和股四头肌厚度增加[11]。

【参考文献】

[1]BOUCHARD C,MALINA R M. Genetics of physiological fitness and motor performance[J]. Exerc Sport Sci Rev,1983,11:306 -339.

[2]YUE H,HE J W,ZHANG H,et al. Contribution of myostatin gene polymorphisms to normal variation in lean mass,fat mass and peak BMD in Chinese male offspring[J]. Acta Pharmacol Sin,2012,33(5):660 -667.

[3]RICHARDSON D K,SCHNEIDER J,FOURCAUDOT M J,et al. Association between variants in the genes for adiponectin and its receptors with insulin resistance syndrome(IRS) - related phenotypes in Mexican Americans [J].

Diabetologia,2006,49(10):2317 -2328.

[4]CECCARELLI G,BENEDETTI L,GALLI D,et al. Low - amplitude high frequency vibration down - regulates myostatin and atrogin - 1 expression,two components of the atrophy pathway in muscle cells[J]. J Tissue Eng Regen Med,2014,8(5):396 -406.

[5]LIN J,ARNOLD HB,DELLA - FERA M A,et al. Myostatin knockout in mice increases myogenesis and decreases adipogenesis[J]. Biochem Biophys Res Commun,2002,291(3):701 -706.

[6]MOSHER D S,QUIGNON P,BUSTAMANTE C D,et al. A mutation in the myostatin gene increases muscle mass and enhances racing performance in heterozygote dogs[J]. PLoS Genet,2007,3(5):779 -786.

[7]KAMBADUR R,SHARMA M,SMITH T P,et al. Mutations in myostatin(GDF8) in double - muscled Belgian Blue and Piedmontese cattle[J]. Genome Res,1997,7(9):910 -916.

[8]SCHUELKE M,WAGNER K R,STOLZ L E,et al. Myostatin mutation associated with gross muscle hypertrophy in a child[J]. N Engl J Med,2004,350(26):2682 -2688.

[9]ANTONY N,BASS J J,MCMAHON C D,et al. Myostatin regulates glucose uptake in BeWo cells[J]. Am J Physiol Endocrinol Metab,2007,293(5):E1296 -1302.

[10]SHI X,HAMRICK M,ISALES C M. Energy balance,myostatin,and GILZ:factors regulating adipocyte dfferentiation in belly and Bone[J]. PPAR Res,2007:92501.

[11]LI X,WANG S J,TAN S C,et al. The A55T and K153R polymorphisms of MSTN gene are associated with the strength training - induced muscle hypertrophy among Han Chinese men[J]. J Sports Sci,2014,32(9):883 -891.

[12]SANTIAGO C,RUIZ JR,RODIGUEZ - ROMO G,et al. The K153R polymorphism in the myostatin gene and muscle power phenotypes in young,non - athletic men[J]. PLoS One,2011,6(1):e16323.

[13]PAN H,PING X C,ZHU H J,et al. Association of myostatin gene polymorphisms with obesity in Chinese north Han human subjects[J]. Gene,2012,494(2):237 -241.

[14]HUANG H,TADALIDA K,MURAKAMI H,et al. Influence of adiponectin gene polymorphism SNP276(G/T) on adiponectin in response to exercise training[J]. Endocr J,2007,54(6):879 -886.

[15]ERSKINE R M,WILLIAMS A G,JONES D A,et al. The individual and combined influence of ACE and ACTN3 genotypes on muscle phenotypes before and after strength training[J]. Scand J Med Sci Sports,2014,24(4):642 -648.

[16]PERERIRA A,COSTA A M,LEITAO J C,et al. The influence of ACE ID and ACTN3 R577X polymorphisms on lower - extremity function in older women in response to high - speed power training[J]. BMC Geriatr,2013,13:131.

[17]ZHANG Z L,HE J W,QIN Y J,et al. Association between myostatin gene polymorphisms and peak BMD variation in Chinese nuclear families[J]. Osteoporos Int,2008,19(1):39 -47.

[18]ARTAZA J N,SINGH R,FERRINI M G,et al. Myostatin promotes a fibrotic phenotypic switch in multipotent C3H 10T1/2 cells without affecting their differentiation into myofibroblasts[J]. J Endocrinol,2008,196(2):235 -249.

6 ADPN 基因多态性与全身振动训练干预脂肪、瘦体重效果的关联研究

脂联素（adiponectin，ADPN）是由脂肪细胞分泌的一种内源性生物活性多肽或蛋白质，在促进机体的糖代谢和脂肪代谢、维持机体能量代谢平衡过程中发挥重要作用。脂联素基因位于染色体 3q27，全长约 17 kb，包括 3 个外显子和 2 个内含子。目前已发现，脂联素基因 7 个 SNP 位点与身体成分相关。rs182025 基因多态性与血中脂联素水平有关[1]，还有研究认为其与腰围、BMI 相关[2]。对中国青少年的研究发现，rs1501299/TT + TG 基因型较 GG 型人群具有更高的血清脂联素水平[3]，其余几个位点也均与血清脂联素水平相关。这些多态位点可能通过调控基因表达，影响血中脂联素水平，进而影响身体脂肪及瘦体重。前期研究发现，绝经后女性进行 3 个月的全身振动训练后，身体成分的变化程度存在较大个体差异。由此推测，全身振动训练干预身体成分的效果的个体差异性或许与 ADPN 基因多态性有关。为验证这一假设，本研究选择 ADPN 基因为目的基因，分析其 SNP 位点多态性与全身振动训练干预身体成分效果的关联性，筛选全身振动训练干预身体成分的敏感分子标记，为个性化全身振动训练指导方案的制订提供理论依据。

6.1 研究对象与方法

6.1.1 研究对象

同 2.1.1。

6.1.2 身体成分测试方法

同 2.1.3。

6.1.3 建立受试者 DNA 数据库

同5.1.3。

6.1.4 研究位点的选择

ADPN 基因位于染色体 3q27，全长约 17 kb，包含 3 个外显子和 2 个内含子。本研究选择位于基因内含子 1、2 以及 3’ 非翻译区（UTR）的 5 个 SNP，包括 rs182025、rs12495941、rs1501299、rs2241767、rs6773957，这些位点均有与身体成分表型相关的阳性报道。

6.1.5 基因分型

同5.1.5。

6.1.6 数据统计方法

所有数据均采用 SPSS 19.0 统计软件完成，所测数据结果用均数 ± 标准差（mean ± SD）表示。统计各类人群中基因型频率和等位基因频率，根据哈温平衡数学表达式：$p^2+2pq+q^2=1$ 和 $p+q=1$，对各个位点不同基因型进行哈温平衡检验。不同基因型人群间指标的差异采用单因素方差分析。为了进一步分析不同基因型受试者指标变化的差异，以实验前基础值为协变量，采用 ANCOVA，以分析不同基因型受试者对振动的敏感性。采用单因素方差分析中的计划比较，分析相同基因型对照组和振动组受试者振动前后身体成分变化量的差异。所有的统计检验均采用双侧检验，显著性水平为 $p<0.05$，非常显著性水平为 $p<0.01$。

6.2 研究结果

6.2.1 ADPN 基因 SNP 位点检测基本情况

对 78 名振动组受试者 ADPN 基因的 9 个 SNP 位点进行哈温平衡检验，结果显示，各位点基因型分布均符合哈温平衡。在飞行质谱基因分型检测中，个别受试者的个别位点检测失败，各个位点实际成功检测位点数、人数、基因型分布、哈温平衡检测结果见表 6－1。

表 6－1 ADPN 基因 SNP 位点基本情况

基因	多态位点	n	基因型			哈温平衡检验
			AA	AB	BB	
ADPN	rs182025	78	GG/32	GC/36	CC/10	$p>0.05$
	rs12495941	78	GG/26	GT/39	TT/13	$p>0.05$
	rs1501299	78	CC/34	AC/38	AA/6	$p>0.05$
	rs2241767	78	GG/3	GA/33	AA/42	$p>0.05$
	rs6773957	75	GG/13	GA/35	AA/27	$p>0.05$

6.2.2 ADPN 基因各位点多态性与脂肪、瘦体重基础值的关联性

对脂联素各位点基因型与受试者身体成分基础指标的关联性分析发现，rs12495941/GG 人群的下肢、全身瘦体重含量显著高于 TT 型；rs2241767/AA 人群下肢瘦体重含量显著高于 GA 型；rs6773957/GG 人群的体重以及下肢、全身瘦体重含量显著高于 AA 型。rs1501299、rs182025 各基因型人群间身体成分各指标均无显著差异（数据略）。

6.2.3 ADPN 基因多态性与振动训练干预脂肪、瘦体重效果的关联性

ADPN 基因 5 个位点不同基因型与身体脂肪、肌肉相关指标的关联性分析结果显示，除 rs6773957 外，其余 4 个多态性位点不同基因型受试者在全身振动训练前后各指标均无显著差异（数据略）。rs6773957 各基因型与全身振动训练前后变化的关联性见表 6－2。

经过 3 个月全身振动训练，AA 型受试者 FM%、LBM% 以及下肢、全身脂肪含量均显著下降，全身瘦体重含量显著上升；GG 和 GA 型受试者除下肢脂肪含量显著下降外，其余无显著变化。以受试者实验前基础值为协变量进行协方差分析发现，rs6773957 基因型受试者躯干及全身瘦体重的变化量具有显著差异。

表 6 - 2　ADPN rs6773957 多态性与脂肪、瘦体重变化的关联性

参数	GG 型（n=7）		AA 型（n=20）		GA 型（n=25）		协方差分析
	实验前	实验后	实验前	实验后	实验前	实验后	
BMI	25.28 ± 2.69	24.98 ± 2.33	23.65 ± 3.46	23.58 ± 3.69	23.93 ± 2.50	23.72 ± 2.54	$p>0.05$
体重/kg	64.54 ± 0.33	63.78 ± 0.16	59.63 ± 0.33	59.44 ± 0.16	60.15 ± 0.33	59.61 ± 0.16	$p>0.05$
FM%	36.94 ± 2.45	36.05 ± 1.68	35.74 ± 5.77	34.63 ± 5.64**	34.66 ± 5.74	34.31 ± 5.44	$p>0.05$
LBM%	59.6 ± 2.47	60.45 ± 1.66	60.75 ± 5.59	61.87 ± 5.47**	61.85 ± 5.66	62.14 ± 5.37	$p>0.05$
下肢 FM/kg	6.97 ± 0.33	6.54 ± 0.16*	6.58 ± 0.33	6.28 ± 0.16**	6.26 ± 0.33	5.94 ± 0.16*	$p>0.05$
躯干 FM/kg	13.98 ± 0.09	13.62 ± 0.07	12.52 ± 0.09	12.04 ± 0.07*	12.11 ± 0.09	12.06 ± 0.07	$p>0.05$
全身 FM/kg	23.96 ± 0.24	23.06 ± 0.11	21.68 ± 0.24	20.93 ± 0.11**	21.03 ± 0.24	20.66 ± 0.11	$p>0.05$
下肢 LBM/kg	12.65 ± 0.21	12.42 ± 0.13	11.48 ± 0.21	11.45 ± 0.13	11.82 ± 0.21	11.73 ± 0.13	$p>0.05$
躯干 LBM/kg	18.91 ± 0.12	19.31 ± 0.06	18.15 ± 0.12	18.63 ± 0.06	18.64 ± 0.12	18.51 ± 0.06	$p<0.05$
全身 LBM/kg	38.36 ± 0.25	38.51 ± 0.12	35.87 ± 0.25	36.45 ± 0.12*	37.02 ± 0.25	36.84 ± 0.12	$p<0.05$

注：* $p<0.05$，** $p<0.01$，与实验前相比。

采用单因素方差分析中的计划比较，分析对照组和振动组相同基因型受试者实验前后身体成分的变化量，结果表明，AA 型振动组受试者躯干瘦体重的增加量显著大于 AA 型对照组，GA 型振动组受试者的体重和 BMI 的减少量显著大于 GA 型对照组（表 6 - 3）。

表 6－3　ADPN rs6773957 相同基因型受试者脂肪、瘦体重变化量的比较

参数	GG 型			AA 型			GA 型		
	对照组（n=6）	振动组（n=7）	p 值	对照组（n=7）	振动组（n=20）	p 值	对照组（n=10）	振动组（n=25）	p 值
BMI	0.21 ± 0.50	−0.29 ± 0.73	$p>0.05$	−0.19 ± 0.63	−0.07 ± 0.63	$p>0.05$	0.30 ± 0.72	−0.22 ± 0.47	$p<0.05$
体重/kg	0.54 ± 0.33	−0.76 ± 0.16	$p>0.05$	−0.43 ± 0.33	−0.18 ± 0.16	$p>0.05$	0.74 ± 0.33	−0.54 ± 0.16	$p<0.05$
FM%	0.10 ± 1.46	−0.89 ± 1.11	$p>0.05$	−0.22 ± 2.06	−1.11 ± 1.24	$p>0.05$	0.06 ± 1.70	−0.35 ± 1.51	$p>0.05$
LBM%	−0.05 ± 1.46	0.85 ± 1.11	$p>0.05$	0.18 ± 2.07	1.12 ± 1.23	$p>0.05$	−0.12 ± 1.82	0.29 ± 1.51	$p>0.05$
下肢 FM/kg	0.02 ± 0.33	−0.43 ± 0.16	$p>0.05$	−0.11 ± 0.33	−0.30 ± 0.16	$p>0.05$	−0.23 ± 0.33	−0.32 ± 0.16	$p>0.05$
躯干 FM/kg	0.28 ± 0.09	−0.35 ± 0.07	$p>0.05$	0.06 ± 0.09	−0.47 ± 0.07	$p>0.05$	0.36 ± 0.09	−0.05 ± 0.07	$p>0.05$
全身 FM/kg	0.35 ± 0.24	−0.90 ± 0.11	$p>0.05$	−0.24 ± 0.24	−0.75 ± 0.11	$p>0.05$	0.29 ± 0.24	−0.37 ± 0.11	$p>0.05$
下肢 LBM/kg	0.08 ± 0.21	−0.24 ± 0.13	$p>0.05$	0.33 ± 0.21	−0.04 ± 0.13	$p>0.05$	−0.15 ± 0.21	−0.09 ± 0.13	$p>0.05$
躯干 LBM/kg	0.15 ± 0.12	0.40 ± 0.06	$p>0.05$	−0.43 ± 0.12	0.48 ± 0.06	$p<0.05$	0.15 ± 0.12	−0.12 ± 0.06	$p>0.05$
全身 LBM/kg	0.21 ± 0.25	0.15 ± 0.12	$p>0.05$	−0.20 ± 0.25	0.58 ± 0.12	$p>0.05$	0.40 ± 0.25	−0.18 ± 0.12	$p>0.05$

注：变化量 = 实验后测量值 − 实验前测量值。

6.3　分析与讨论

脂联素是由脂肪细胞分泌的一种内源性生物活性多肽或蛋白质，在促进机体的糖代谢、脂代谢，以及维持机体能量平衡等过程中发挥重要作用。脂联素基因

位于染色体 3q27，包括 3 个外显子和 2 个内含子。本研究选择位于基因内含子 1、2 以及 3'UTR 的 5 个 SNP，包括 rs182025、rs12495941、rs1501299、rs2241767、rs6773957。

对脂联素 5 个 SNP 位点基因型与受试者身体成分基础指标的关联性分析发现，rs12495941/GG 人群的下肢、全身瘦体重含量显著高于 TT 型；rs2241767/AA 人群下肢瘦体重含量显著高于 GA 型；rs6773957/GG 人群的体重以及下肢、全身瘦体重含量显著高于 AA 型。rs1501299、rs182025 各基因型人群间身体成分各指标均无显著差异。

对 ADPN 基因 5 个位点进行基因型与全身振动训练前后身体脂肪、肌肉相关指标变化的关联性分析，结果显示，除 rs6773957 外，其余 4 个多态性位点不同基因型受试者在全身振动训练前后各指标均无显著差异。本研究中，受试者 rs6773957 位点基因分型结果显示，7 人为 GG 型，20 人为 AA 型，25 人为 GA 型，受试者基因型频率符合 H－W 遗传平衡定律。ADPN 基因 rs6773957 位点不同基因型受试者经过 3 个月全身振动训练后，身体各部位脂肪、瘦体重含量变化有所不同。AA 型受试者 FM%、LBM% 及下肢、全身脂肪含量均显著下降，全身瘦体重含量显著上升；GG 和 GA 型受试者除下肢脂肪含量显著下降外，其余无显著变化。以受试者实验前基础值为协变量进行协方差分析发现，rs6773957 不同基因型受试者躯干及全身瘦体重的变化量具有显著差异。由此可见，全身振动训练对 rs6773957 不同基因型人群身体瘦体重的干预效果有所不同，AA 型受试者躯干及全身瘦体重增加量显著高于 GA 型和 GG 型受试者。

采用单因素方差分析中的计划比较，分析相同基因型的对照组和振动组受试者实验前后身体成分的变化量，结果表明，AA 型振动组受试者躯干瘦体重的增加量显著大于 AA 型对照组，GA 型振动组受试者的体重和 BMI 的减少量显著大于 GA 型对照组。结合前述全身振动训练可使 rs6773957 位点不同基因型受试者躯干及全身瘦体重的变化量具有显著差异，可以得出结论，全身振动训练可显著增加 AA 型受试者的躯干瘦体重含量，可认为 rs6773957 是全身振动训练干预身体成分的敏感分子标记。

本研究还发现，rs6773957/AA 型受试者的体重以及上肢、下肢、全身瘦体重含量显著低于 GG 型，而且 AA 型受试者在进行全身振动训练后，其躯干部位瘦体重增加量显著大于其他基因型。可见，AA 型受试者在实验前具有较低的瘦体重水平，全身振动训练干预后瘦体重显著增加，由此推测 rs6773957 位点可能在一定程度上调控了脂联素的表达，影响了身体的瘦体重。分析 rs6773957 位点在 ADPN 基因的位置发现，rs6773957 位于 ADPN 基因 3'UTR 区域，一般而言，3'UTR 区域位点的突变并不能改变编码蛋白质的种类，但其可能在基因的表达调控中起重要作用。由此推测，rs6773957 可能处于 ADPN 基因表达的调控位点，其不仅调控脂肪的代谢，还可能影响肌肉的生长。目前还未见到相关报道，尚需进一步的研究加以证实。

6.4 小结

ADPN 基因 rs6773957 与全身振动训练前后躯干部位瘦体重的变化有关联，其中 AA 型人群对全身振动训练更敏感。提示 ADPN 基因 rs6773957 是干预身体脂肪、瘦体重的敏感分子标记。

【参考文献】

[1]WASSEL C L,PANKOW J S,JACOBS D R,et al. Variants in the adiponectin gene and serum adiponectin:the Coronary Artery Development in Young Adults (CARDIA) Study [J]. Obesity (Silver Spring), 2010, 18 (12): 2333 - 2338.

[2]RICHARDSON D K,SCHNEIDER J,FOUCAUDOT M J,et al. Association between variants in the genes for adiponectin and its receptors with insulin resistance syndrome(IRS) - related phenotypes in Mexican Americans [J]. Diabetologia,2006,49(10):2317 - 2328.

[3]LI P,JIANG R,LI L,et al. Correlation of serum adiponectin and adiponectin gene polymorphism with metabolic syndrome in Chinese adolescents[J]. Eur J Clin Nutr,2015,69(1):62 - 67.

7 OPG - RANK - RANKL 基因多态性与全身振动训练干预骨密度效果的关联研究

既往的研究发现，对全身振动训练对骨密度的干预效果的研究褒贬不一。本研究也发现，受试者进行为期 3 个月的全身振动训练后，骨密度没有出现显著变化，但不同个体之间存在较大差异，由此推测实验 4 结论中骨密度未出现显著改变可能是受试者个体差异所致，并推测此个体差异可能与骨相关基因表达水平存在差异有关。研究发现，高频低幅的全身振动训练可以显著降低 RANKL 诱导的破骨细胞生成[1]。此外，全身振动训练还可显著提高 OPG 蛋白的表达[2]。由此推测，全身振动训练这种机械外力引起的骨生长和适应可能与 OPG - RANK - RANKL 系统基因表达有关，OPG - RANK - RANKL 系统基因的多态性可能决定了骨密度能否改变的先天易感性。因此，本研究分析 OPG - RANK - RANKL 基因多态性与全身振动训练干预骨密度效果的关联性，试图探寻全身振动训练干预骨密度的敏感分子标记。

7.1 研究对象与方法

7.1.1 研究对象

同 2.1.1。

7.1.2 身体成分测试方法

同 2.1.3。

7.1.3 建立受试者 DNA 数据库

同 5.1.3。

7.1.4 研究位点的选择

候选基因的选择主要基于其生物学功能，该基因需与骨密度相关，又需与机械负荷密切相关。多态位点的选择遵循以下原则：①选择有与骨密度相关阳性结果报道的位点；②在 HapMap 的数据库中，选择在汉族人群中杂合度高的位点。基于以上原则，本研究选择了 OPG、RANK、RANKL 3 个基因 16 个 SNP 位点进行关联研究。

OPG 基因位于 8q24，全长 29 kb，包含 5 个外显子和 4 个内含子，本研究选择的位于 5' 非翻译区（5'UTR）以及内含子区域的 5 个 SNP 位点，包括 rs3134069、rs3102734、rs3102727、rs1032129、rs4876869，以上 5 个位点均有与骨密度相关的报道。

RANK 基因位于 18q22.1，全长 61 kb，包含 11 个外显子和 9 个内含子，本研究选择位于内含子区域的 5 个 SNP 位点，包括 rs9646629、rs4303637、rs7239261、rs7235803、rs4941125，以上 5 个位点均有与骨密度相关的报道。

RANKL 基因位于 13q14，全长 4.5 kb，包含 8 个外显子和 8 个内含子，本研究选择位于内含子区域的 6 个 SNP 位点，包括 rs12585014、rs7988338、rs9525641、rs9594782、rs2148073、rs3742257，以上 6 个位点均有与骨密度相关的报道。

7.1.5 基因分型

同 5.1.5。

7.1.6 数据统计方法

所有数据均采用 SPSS 19.0 统计软件进行统计分析，所测数据结果用均数 ± 标准差（mean ± SD）表示。根据哈温平衡数学表达式：$p^2+2pq+q^2=1$ 和 $p+q=1$，对位点不同分组进行哈温平衡检验。不同基因型人群间指标差异采用单因素方差分析，只有两种基因型者采用独立样本 t 检验（人数小于等于 5 的基因型组与相近基因型组进行合并）。不同基因型受试者训练前后各指标的差异比较采用配对样本 t 检验。以实验前基础值为协变量，采用协方差分析（ANCOVA），分析不同基因型受试者对振动的敏感性。采用单因素方差分析中的计划比较，分析相同基因型对照组和振动组受试者振动前后身体成分变化量的差异。所有的统计检验均采用双侧检验，显著性水平为 $p<0.05$，非常显著性水平为 $p<0.01$。

7.2 研究结果

7.2.1 OPG－RANK－RANKL 基因 SNP 位点检测基本情况

对受试者 OPG－RANK－RANKL 基因的 16 个 SNP 位点进行哈温平衡检验，各位点基因型分布均符合哈温平衡。各个检测位点的人数、基因型分布频率及哈温平衡检测结果见表 7－1。

表 7－1 OPG－RANK－RANKL 基因 SNP 位点基本情况

基因	多态位点	n	基因型			哈温检验
			AA	AB	BB	
OPG	rs3134069	78	AA/57	AC/20	CC/1	$p>0.05$
	rs3102734	78	AA/1	GA/19	GG/58	$p>0.05$
	rs3102727	78	CC/66	TC/12	TT/0	$p>0.05$
	rs1032129	78	AA/13	AC/42	CC/23	$p>0.05$
	rs4876869	78	AA/42	GA/33	GG/3	$p>0.05$
RANK	rs9646629	78	CC/15	CG/42	GG/21	$p>0.05$
	rs4303637	78	CC/11	TC/39	TT/28	$p>0.05$
	rs7239261	78	AA/6	AC/30	CC/42	$p>0.05$
	rs7235803	78	AA/25	GA/18	GG/35	$p>0.05$
	rs4941125	78	AA/25	GA/18	GG/35	$p>0.05$
RANK	rs12585014	78	AA/7	GA/37	GG/34	$p>0.05$
	rs7988338	78	AA/7	GA/36	GG/35	$p>0.05$
	rs9525641	78	CC/15	TC/43	TT/20	$p>0.05$
	rs9594782	78	CC/1	TC/8	TT/69	$p>0.05$
	rs2148073	78	CC/37	CG/35	GG/6	$p>0.05$
	rs3742257	78	CC/20	TC/43	TT/15	$p>0.05$

7.2.2 OPG－RANK－RANKL基因多态性与骨密度基础值的关联性

对受试者OPG－RANK－RANKL基因16个位点各基因型与骨密度基础值的关联性分析发现，均未见明显关联（数据略）。

7.2.3 OPG－RANK－RANKL基因多态性与振动训练干预骨密度效果的关联性

OPG－RANK－RANKL基因16个位点不同基因型与全身、右股骨及腰椎骨密度的关联性分析结果显示，除RANK基因的rs7239261位点外，其余15个多态性位点基因型与全身振动训练前后各指标的变化均无显著关联（数据略）。rs7239261位点各基因型与全身振动训练前后变化的关联性分析见表7－2。

经过3个月全身振动训练，CC型受试者全身、右股骨及腰椎（L2－L4）骨密度均无显著变化，AC＋AA型受试者右股骨骨密度显著升高，其余无显著变化。以受试者实验前基础值为协变量进行协方差分析发现，不同基因型受试者右股骨骨密度的变化具有显著差异。

表7－2 RANK rs7239261多态性与振动训练效果的关联性

参数	CC型（$n=31$）		AC＋AA型（$n=18+3$）		协方差分析
	实验前	实验后	实验前	实验后	
全身BMD	1.064±0.062	1.064±0.060	1.055±0.110	1.053±0.110	$p>0.05$
右股骨BMD	0.908±0.104	0.909±0.104	0.902±0.137	0.916±0.134**	$p<0.05$
L2－L4 BMD	1.083±0.152	1.077±0.149	1.055±0.195	1.052±0.191	$p>0.05$

采用单因素方差分析中的计划比较，分析相同基因型的对照组和振动组受试者实验前后骨密度变化量的差异，结果表明，CC型振动组和对照组受试者骨密度变化量无显著差异，AC＋AA型对照组和振动组受试者骨密度亦无显著差异（表7－3）。

表 7-3 RANK rs7239261 相同基因型受试者骨密度变化量的比较

参数/(g/cm^2)	CC 型			AC + AA 型		
	对照组($n=9$)	振动组($n=31$)	p 值	对照组($n=12+2$)	振动组($n=18+3$)	p 值
全身 BMD	0.003 ± 0.017	0.003 ± 0.013	$p>0.05$	0.004 ± 0.015	−0.002 ± 0.015	$p>0.05$
右股骨 BMD	0.006 ± 0.022	0.001 ± 0.020	$p>0.05$	0.006 ± 0.018	0.014 ± 0.020	$p>0.05$
L2 - L4 BMD	0.003 ± 0.063	−0.005 ± 0.029	$p>0.05$	−0.003 ± 0.028	−0.003 ± 0.028	$p>0.05$

注：变化量 = 实验后测量值 - 实验前测量值。

7.3 分析与讨论

本研究通过对 OPG - RANK - RANKL 基因 16 个 SNP 位点的分析发现，16 个 SNP 位点均与骨密度基础值无相关性。研究还发现，仅有 RANK 基因 rs7239261 不同基因型与全身振动训练干预骨密度的效果具有关联性。

经过 3 个月全身振动训练，RANK 基因 rs7239261/AC + AA 型受试者右股骨骨密度显著提高，而 CC 型受试者各部位骨密度均无显著变化。以受试者实验前基础值为协变量进行协方差分析发现，CC 型和 AC + AA 型受试者右股骨变化的差异性仍存在。按照既往研究所采用的统计方法，可以得出“3 个月的全身振动训练可以显著提高受试者右股骨的骨密度，AC + AA 型受试者较 CC 型受试者对全身振动训练更为敏感”的结论。本研究中，为进一步分析验证 rs7239261 不同基因型人群对全身振动训练的敏感性，采用单因素方差分析中的计划比较，分析相同基因型的对照组和振动组受试者骨密度的变化量，结果表明，CC 型振动组受试者和对照组受试者骨密度变化量均无显著差异，AC + AA 型振动组和对照组受试者骨密度变化量亦无显著差异。也就是说，3 个月全身振动训练对以上两种基因型受试者均未产生影响。此结果与上述“3 个月的全身振动训练可以显著提高受试者右股骨的骨密度，AC + AA 型受试者较 CC 型受试者对全身振动训练更为敏感”的结论相悖。由此可见，虽然振动组 CC 型和 AC + AA 型受试者骨密度的变化量出现差异，但并不能说明此差异一定来自全身振动训练，这种差异也可能来源于样本本身。因此，如要得出“CC 型较 AC + AA 型对全身振动训练更为敏感”的结论，必须建立在振动组的骨密度变化量与同基因型对照组具有显著差异的基础上。由此也可以看出，在进行某种干预方式敏感分子标记筛选的研究中，设置同基因型对照组的重要性。

在本研究中，没有发现全身振动训练干预骨密度的敏感基因位点，一方面可能与所选择的位点有关；另一方面可能是由于3个月的全身振动训练尚未使绝经后女性的骨密度产生显著改变，影响敏感分子标记的筛选。因此，在未来的研究中，可以通过延长训练时间，再尝试进行全身振动训练干预骨密度敏感分子标记的筛选。

7.4 小结

本研究以北京市绝经后女性为研究对象，通过OPG－RANK－RANKL基因多态位点与3个月全身振动训练干预骨密度效果的关联性分析，未发现与全身振动训练干预骨密度效果相关联的敏感分子标记。

7.5 文献综述

OPG－RANK－RANKL系统是近年来发现的参与调节骨代谢的重要分子系统之一。OPG在体内多种组织细胞均有表达，在骨组织中，主要表达于成骨细胞以及骨髓基质细胞[3－5]。RANKL为OPG的配体，RANK可能是RANKL发挥破骨细胞分化作用的唯一靶信号受体，OPG通过与RANK竞争结合RANKL发挥对破骨细胞的抑制作用，抑制破骨细胞的分化和成熟[6－7]。

机械刺激被认为是一个调节骨骼系统的发生、发展和维持功能的调节因子。有学者提出，机械负荷对骨骼产生正性作用的细胞学水平的机制是，骨细胞在接收到机械负荷时，局部会产生一氧化氮和前列腺素E_2，这些局部因素通过OPG－RANK－RANKL途径改变微环境，骨细胞之间的耦合增加，从而影响骨代谢[8]。振动练习作为一种机械刺激方式，对骨骼的影响也可能是通过此模型发挥作用。另有研究发现，高频低幅的振动练习可以显著降低RANKL诱导的破骨细胞生成[1]。对糖皮质激素骨质疏松大鼠模型的研究也发现，振动练习可明显增加大鼠血清中OPG的水平，并降低RANKL的水平[9]。细胞培养的结果显示，振动练习可提高 OPG 和 Wnt10B 蛋白的表达，同时抑制硬骨素和 RANKL 蛋白的表达[2]。因此，推测，全身振动训练对骨密度的影响可能会受到 OPG－RANK－RANK 基因多态性的影响。

人类 OPG 为单拷贝基因，位于 8q23－24，总长 29 kb，含 5 个外显子。目前发现 7 个 SNP 位点多态性与骨相关。rs4876869 与西班牙女性的腰椎骨密度相关[10]。rs1032129 与中国绝经前及绝经后女性股骨颈和髋部骨密度相关[11]。rs3134062 与汉族人髋部骨密度相关[12]。rs310274、rs3102735 和 rs3134069 均与骨质疏松相关[13－14]。本研究选择位于 5'UTR 和内含子区域的 5 个 SNP 位点，包括 rs3134069、rs3102734、rs3102727、rs1032129、rs4876869。

RANK 基因位于 18q22.1，全长 61 kb，包含 11 个外显子和 9 个内含子。目前已报道与骨相关的 SNP 位点有 7 个。rs4941125、rs7235803 以及 62383966 均与骨量和脂肪量相关。rs7239261 与股骨颈骨密度相关[15]。rs884205 与腰椎骨密度相关[16]。rs3018362 与腰椎及髋部骨密度相关[17]。本研究选择位于内含子区域的 5 个 SNP 位点，包括 rs9646629、rs4303637、rs7239261、rs7235803、rs4941125。

RANKL 基因位于 13q14，全长 4.5 kb，包含 8 个外显子和 8 个内含子。目前已发现有 7 个 SNP 位点与骨相关。对 405 个核心家系 1873 名参与者的调查发现，rs3742257、rs9594782、rs9525641 和 rs9594759 多态性与髋部骨密度相关[18]，另外 3 个位点与 fCSI 相关（fCSI＝BMD×FNW/Weight）[19]。本研究选择位于内含子区域的 6 个 SNP 位点，包括 rs12585014、rs7988338、rs9525641、rs9594782、rs2148073、rs3742257。

【参考文献】

[1] WU S H, ZHONG Z M, CHEN J T. Low－magnitude high－frequency vibration inhibits RANKL－induced osteoclast differentiation of RAW264.7 cells[J]. Int J Med Sci, 2012, 9(9): 801－807.

[2] HOU W W, ZHU Z L, ZHOU Y, et al. Involvement of Wnt activation in the micromechanical vibration－enhanced osteogenic response of osteoblasts[J]. J Orthop Sci, 2011, 16(5): 598－605.

[3] SIMONET W S, LACEY D L, DUNSTAN C R, et al. Osteoprotegerin: a novel secreted protein involved in the regulation of bone density[J]. Cell, 1997, 89(2): 309－319.

[4] YASUDA H, SHIMA N, NAKAGAWA N, et al. Identity of osteoclastogenesis inhibitory factor (OCIF) and osteoprotegerin (OPG): a mechanism by which OPG/OCIF inhibits osteoclastogenesis in vitro[J]. Endocrinology, 1998, 139(3): 1329－1337.

[5] BUCAY N, SAROSI I, DUNSTAN C R, et al. osteoprotegerin－deficient mice develop early onset osteoporosis

and arterial calcification[J]. Genes Dev,1998,12(9):1260 - 1268.

[6]Proposed standard nomenclature for new tumor necrosis factor family members involved in the regulation of bone resorption. The American Society for Bone and Mineral Research President's Committee on Nomenclature[J]. J Bone Miner Res,2000,15(12):2293 - 2296.

[7]MIYAZAKI T,TOKIMURA F,TANAKA S. A review of denosumab for the treatment of osteoporosis[J]. Patient Prefer Adherence,2014(8):463 - 471.

[8]MALDONADO S,FINDEISEN R,ALLGOWER F. Describing force - induced bone growth and adaptation by a mathematical model[J]. J Musculoskelet Neuronal Interact,2008,8(1):15 - 17.

[9]PICHLER K,LORETO C,LENONARDI R,et al. RANKL is downregulated in bone cells by physical activity (treadmill and vibration stimulation training) in rat with glucocorticoid - induced osteoporosis[J]. Histol Histopathol, 2013,28(9):1185 - 1196.

[10]PANACH L,MIFSTUT D,TARIN JJ,et al. Replication study of three functional polymorphisms associated with bone mineral density in a cohort of Spanish women[J]. J Bone Miner Metab,2014,32:691 - 698.

[11]SHANG M,LIN L,CUI H. Association of genetic polymorphisms of RANK,RANKL and OPG with bone mineral density in Chinese peri - and postmenopausal women[J]. Clin Biochem,2013,46(15):1493 - 1501.

[12]BEYENS G,DAROSZEWSKA A,DE FREITAS F,et al. Identification of sex - specific associations between polymorphisms of the osteoprotegerin gene,TNFRSF11B,and Paget's disease of bone[J]. J Bone Miner Res,2007,22 (7):1062 - 1071.

[13]WANG C,ZHANG Z,ZHANG H,et al. Susceptibility genes for osteoporotic fracture in postmenopausal Chinese women[J]. J Bone Miner Res,2012,27(12):2582 - 2591.

[14]MENCEJ - BEDRAC S,PREZELJ J,MARC J. TNFRSF11B gene polymorphisms 1181G > C and 245T > G as well as haplotype CT influence bone mineral density in postmenopausal women[J]. Maturitas,2011,69(3):263 - 267.

[15]TU P,DUAN P,ZHANG R S,et al. Polymorphisms in genes in the RANKL/RANK/OPG pathway are associated with bone mineral density at different skeletal sites in post - menopausal women[J]. Osteoporos Int,2015,26(1): 179 - 185.

[16]RIVADENEIRA F,STYRKARSDOTTIR U,ESTRADA K,et al. Twenty bone - mineral - density loci identified by large - scale meta - analysis of genome - wide association studies[J]. Nat Genet,2009,41(11):1199 - 1206.

[17]LIU J M,ZHANG M J,ZHAO L,et al. Analysis of recently identified osteoporosis susceptibility genes in Han Chinese women[J]. J Clin Endocrinol Metab,2010,95(9):E112 - E120.

[18]XIONG DH,SHEN H,ZHAO LJ,et al. Robust and comprehensive analysis of 20 osteoporosis candidate genes by very high - density single - nucleotide polymorphism screen among 405 white nuclear families identified significant association and gene - gene interaction[J]. J Bone Miner Res,2006,21(11):1678 - 1695.

[19]DONG S S,LIU X G,CHEN Y,et al. Association analyses of RANKL/RANK/OPG gene polymorphisms with femoral neck compression strength index variation in Caucasians[J]. Calcif Tissue Int,2009,85(2):104 - 112.

8 15 个月全身振动训练对 rs3791783/GA + GG 型人群脂肪、瘦体重的影响

本研究发现，MSTN 基因 rs3791783 不同基因型受试者在进行 3 个月的全身振动训练后，AA 型振动组受试者身体脂肪、瘦体重出现显著改变，而 GA + GG 型振动组受试者身体脂肪、瘦体重无显著改变。由此推测，本研究中所采用的运动方案可能未能对 GA + GG 型受试者产生有效的刺激，从而未能获得预期效果。为了进一步探讨不同训练方案对 rs3791783/GA + GG 型受试者的干预效果，本实验将在前期研究的基础上继续进行 12 个月的全身振动训练，探寻 15 个月的全身振动训练对非敏感基因型 rs3791783/GA + GG 人群身体脂肪、瘦体重的影响。

8.1 研究对象与方法

8.1.1 研究对象

招募前期研究完成了 3 个月全身振动训练者中的 MSTN 基因非敏感基因型 rs3791783/GA + GG 的受试者，继续进行 12 个月的全身振动训练，完成为期 15 个月干预研究。

8.1.2 全身振动训练方案

受试者全身振动训练方案同前期研究，总干预时间为 15 个月。分别在实验第 0、3、6、15 个月 4 个时间点测量受试者身体成分。

8.1.3 身体成分测试方法

同 2.1.3。

8.1.4 数据统计方法

所有数据均采用SPSS 19.0统计软件，所测数据结果用均数±标准差（mean±SD）表示。对照组和振动组实验前后各指标的差异比较采用配对样本 t 检验。以各指标实验前的基础指标作为协变量，采用ANCOVA，分析全身振动训练有效性。振动组和对照组各时间点脂肪、瘦体重指标比较采用重复测量方差分析。所有的统计检验均采用双侧检验，显著性水平为 $p<0.05$，非常显著性水平为 $p<0.01$。

8.2 研究结果

8.2.1 6个月振动训练对全身脂肪、瘦体重的影响

6个月实验干预后，与实验前基础值相比，振动组（GA+GG型）和对照组受试者BMI、体重、FM%、LBM%均无显著差异。以各组受试者实验前的基础值为协变量进行协方差分析，结果表明，振动组（GA+GG型）和对照组的各指标变化均无显著差异（表8-1）。

表8-1 受试者6个月实验前后全身脂肪、瘦体重的变化

参数	对照组（$n=10$）		振动组（GA+GG型）（$n=11$）		协方差分析
	0月	6月	0月	6月	
BMI	24.90±3.72	24.93±3.83	24.28±2.83	24.17±2.93	$p>0.05$
体重/kg	62.42±0.33	62.48±0.33	61.02±0.16	60.66±0.16	$p>0.05$
FM%	34.74±5.89	34.99±5.30	34.71±6.33	34.54±6.14	$p>0.05$
LBM%	61.89±5.81	61.68±5.20	61.62±6.10	61.81±5.91	$p>0.05$

8.2.2 15个月振动训练对全身脂肪、瘦体重指标的影响

15个月实验干预后，与实验前基础值相比，振动组（GA+GG型）和对照组受试者BMI、体重、FM%、LBM%均无显著差异。以各组受试者实验前的基础值为协变量进行协方差分析，结果表明，振动组（GA+GG型）和对照组受试者的

各指标变化均无显著差异（表8－2）。

表8－2 受试者15个月实验前后全身脂肪、瘦体重的变化

参数	对照组（$n=10$）		振动组（GA＋GG型）（$n=11$）		协方差分析
	0月	15月	0月	15月	
BMI	24.90±3.72	24.68±3.56	24.28±2.83	23.83±2.85	$p>0.05$
体重/kg	62.42±0.33	61.85±0.33	61.02±0.16	59.85±0.16	$p>0.05$
FM%	34.74±5.89	34.94±5.48	34.71±6.33	35.05±5.06	$p>0.05$
LBM%	61.89±5.81	61.70±5.33	61.62±6.10	61.22±4.85	$p>0.05$

8.2.3 全身脂肪、瘦体重在15个月实验中的连续变化特点

在15个月的实验周期内，振动组（GA＋GG型）和对照组受试者BMI、体重、FM%及LBM%均未出现显著变化。重复测量方差分析的结果显示，振动组（GA＋GG型）和对照组受试者各指标的变化均无显著差异（表8－3）。

表8－3 受试者实验15个月全身脂肪、瘦体重连续变化特点

参数	组别（n）	0月	3月	6月	15月	p值
BMI	Con（$n=10$）	24.90±3.72	24.96±3.98	24.93±3.83	24.68±3.56	$p>0.05$
	Vib（$n=11$）	24.28±2.83	24.11±2.9	24.17±2.93	23.83±2.85	
体重	Con（$n=10$）	62.42±0.33	62.56±0.33	62.48±0.33	61.85±0.33	$p>0.05$
	Vib（$n=11$）	61.02±0.16	60.55±0.16	60.66±0.16	59.85±0.16	
FM%	Con（$n=10$）	34.74±5.89	34.67±6.12	34.99±5.30	34.94±5.48	$p>0.05$
	Vib（$n=11$）	34.71±6.33	34.38±5.68	34.54±6.14	35.05±5.06	
LBM%	Con（$n=10$）	61.89±5.81	61.95±6.00	61.68±5.20	61.70±5.33	$p>0.05$
	Vib（$n=11$）	61.62±6.10	61.94±5.39	61.81±5.91	61.22±4.85	

8.3 分析与讨论

众所周知，传统运动训练方式的训练效果主要取决于运动量，而运动量又与

运动方式、强度、时间、频率等相关。全身振动训练的训练效果则取决于全身振动训练的方式、频率、振幅和干预时间。其中振动频率指的是单位时间内的重复次数，通常以 Hz 来表达。查阅文献发现，有关全身振动训练干预身体脂肪、瘦体重的研究采用的振动频率大多为 30 ~ 50 Hz，全身振动训练的干预时间为 6 周至 6 个月不等，全身振动训练的效果也不尽相同。本实验中，为了观察前期研究中非敏感受试者的全身振动训练干预效果，将全身振动训练的持续时间由 3 个月延长至 15 个月。对全身振动训练 6 个月、15 个月前后数据比较发现，6 个月和 15 个月的全身振动训练对 rs3791783/GA + GG 型受试者均无显著影响。对 15 个月连续性数据的分析也发现，rs3791783/GA + GG 型受试者进行 15 个月全身振动训练后身体成分的变化与对照组无显著差异。说明振动干预时间的延长未对 rs3791783/GA + GG 型受试者身体脂肪和瘦体重产生影响。在未来的研究中，对于此基因型人群可以通过改变全身振动训练频率、幅度，或改变单次训练时间及训练间隔时间等方式，尝试寻找适宜于此类人群的全身振动训练方案。

8.4 小结

15 个月的全身振动训练对 MSTN 基因 rs3791783/GA + GG 型受试者身体脂肪、瘦体重仍无显著影响，可认为延长全身振动训练时间对 rs3791783/GA + GG 人群脂肪、瘦体重无显著影响。

9 15个月全身振动训练对绝经后女性骨密度的影响及相关基因多态的关联研究

在前期研究中，我们尝试分析3个月的全身振动训练干预骨密度效果与相关位点基因多态性的关联性，探寻全身振动训练干预骨密度的敏感分子标记，但未获得理想的实验结果。全身振动训练作为一种力学刺激，3个月的干预时间尚未能诱发骨骼出现改变，可能需要较长时间才能诱发成骨反应，引起受试者骨量的改变，并由此导致全身振动训练干预骨密度敏感分子标记的筛选失败。本实验中，通过延长全身振动训练时间，观察长期全身振动训练对绝经后女性骨密度的影响，并在此基础上通过长期全身振动训练干预骨密度的效果与OPG－RANK－RANKL基因多态性的关联性分析，继续探寻全身振动训练干预骨密度的敏感分子标记。

9.1 研究对象与方法

9.1.1 研究对象

招募前期研究中的部分受试者（振动组28名，对照组10名）继续进行12个月的全身振动训练，共完成15个月全身振动训练。

9.1.2 骨密度测试方法

同3.1.3。

9.1.3 训练方案

受试者采用全身振动训练方案同前期研究，实验总干预时间为15个月。分别在实验第 0、3、6、15 个月 4 个时间点测量受试者骨密度。

9.1.4　建立受试者 DNA 数据库

同 5.1.3。

9.1.5　研究位点选择

同 5.1.4。

9.1.6　基因分型

同 5.1.5。

9.1.7　数据统计方法

所有数据均在 SPSS 19.0 统计软件里完成，所测数据结果用均数 ± 标准差（mean ± SD）表示。对照组和实验组实验前后各指标的差异比较采用配对样本 t 检验。以各指标实验前的基础指标作为协变量，采用 ANCOVA，分析全身振动训练有效性。不同分组、不同基因型间受试者骨密度的比较采用重复测量方差分析。所有的统计检验均采用双侧检验，显著性水平为 $p < 0.05$，非常显著性水平为 $p < 0.01$。

9.2　研究结果

9.2.1　6 个月振动训练对骨密度的影响

6 个月实验干预后，与实验前基础值相比，振动组受试者全身、右股骨及腰椎骨密度均无显著差异，对照组亦无显著差异。以各组受试者实验前的基础值为协变量进行协方差分析，结果表明，振动组和对照组的全身、右股骨及腰椎的变化亦未出现显著差异（表 9 - 1）。

表 9－1 受试者 6 个月实验前后骨密度的变化

参数/ (g/cm²)	对照组 (n=10)		振动组 (n=28)		协方差分析
	0 月	6 月	0 月	6 月	
全身	1.039 ±0.097	1.039 ±0.097	1.070 ±0.076	1.069 ±0.078	$p>0.05$
右股骨	0.853 ±0.132	0.848 ±0.136	0.903 ±0.120	0.901 ±0.122	$p>0.05$
L2－L4	1.083 ±0.212	1.074 ±0.200	1.073 ±0.162	1.075 ±0.159	$p>0.05$

9.2.2 15 个月振动训练对骨密度的影响

15 个月实验干预后，与实验前基础值相比，振动组受试者全身、右股骨及腰椎骨密度均无显著差异；对照组全身及股骨骨密度无显著变化，腰椎骨密度出现显著下降。以各组受试者实验前的基础值为协变量进行协方差分析发现，振动组和对照组的腰椎骨密度的变化出现显著差异（表 9－2）。振动组和对照组的腰椎骨密度的变化如图 9－1 所示。

表 9－2 受试者 15 个月实验前后骨密度的变化

参数/ (g/cm²)	对照组 (n=10)		振动组 (n=28)		协方差分析
	0 月	15 月	0 月	15 月	
全身	1.039 ±0.097	1.036 ±0.096	1.070 ±0.076	1.068 ±0.076	$p>0.05$
右股骨	0.853 ±0.132	0.853 ±0.135	0.903 ±0.120	0.909 ±0.121	$p>0.05$
L2－L4	1.083 ±0.212	1.060 ±0.206*	1.073 ±0.162	1.082 ±0.157	$p<0.05$

注：* $p<0.05$，与实验前相比。

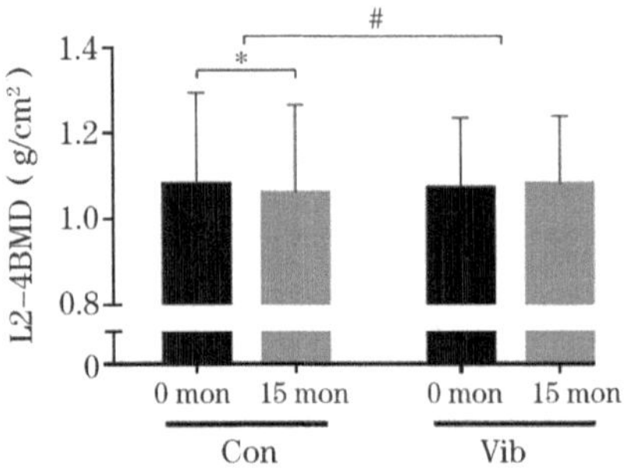

图 9－1 振动组和对照组的腰椎骨密度的变化

注：* $p<0.05$，第 0 个月与第 15 个月相比；# $p<0.05$，实验组和对照组相比。

9.2.3　骨密度在 15 个月实验中的连续变化特点

在 15 个月的实验周期内，对照组受试者全身、腰椎骨密度均呈现逐渐下降态势，振动组受试者全身骨密度维持不变，而腰椎骨密度逐渐升高。重复测量方差分析的结果显示，受试者腰椎骨密度随时间的变化与处理组间有交互作用（表 9 – 3）。

表 9 – 3　受试者 15 个月骨密度连续变化特点

参数/（g/cm^2）	组别	0 月	3 月	6 月	15 月	p 值
全身	Con（$n=10$）	1.039 ±0.097	1.043 ±0.101	1.039 ±0.097	1.036 ±0.096	$p>0.05$
	Vib（$n=28$）	1.070 ±0.076	1.070 ±0.079	1.069 ±0.078	1.068 ±0.076	
右股骨	Con（$n=10$）	0.853 ±0.132	0.859 ±0.138	0.848 ±0.136	0.853 ±0.135	$p>0.05$
	Vib（$n=28$）	0.903 ±0.120	0.912 ±0.120	0.901 ±0.122	0.909 ±0.121	
L2 – L4	Con（$n=10$）	1.083 ±0.212	1.081 ±0.209	1.074 ±0.200	1.060 ±0.206	$p<0.05$
	Vib（$n=28$）	1.073 ±0.162	1.073 ±0.155	1.075 ±0.159	1.082 ±0.157	

注：p 值代表重复测量方差分析中时间与处理方式的交互作用。

9.2.4　OPG – RANK – RANKL 基因多态性与振动训练对骨密度干预效果的关联性

在前期研究的基础上，对 28 名振动组受试者进行 OPG – RANK – RANKL 基因多态性与 15 个月全身振动训练干预骨密度效果的关联性分析，结果显示，除 RANKL 基因的 rs3742257 和 rs9525641 与全身 BMD 的变化有关联外，其余各位点与各部位骨密度变化均无关联。rs3742257 和 rs9525641 各基因型与全身振动训练全身 BMD 变化的关联性分析见表 9 – 4。

经过 15 个月全身振动训练，rs3742257/TT 型受试者全身 BMD 逐渐升高，而 CC 型和 TC 型受试者骨密度维持不变，甚至有下降趋势。重复测量方差分析结果显示，各基因型之间差异显著（图 9 – 2）。rs9525641/CC 型受试者全身 BMD 逐渐升高，而 TT 型和 TC 型受试者骨密度呈现不变或下降趋势。重复测量方差分析结果显示，各基因型之间差异显著（图 9 – 3）。

表 9 – 4　RANKL 基因多态性与振动训练全身 BMD 变化的关联性

位点	基因型	0 月	3 月	6 月	15 月	p 值
rs3742257	CC（n = 9）	1.108 ± 0.097	1.102 ± 0.104	1.103 ± 0.098	1.106 ± 0.091	p < 0.01
	TT（n = 4）	1.048 ± 0.058	1.070 ± 0.077	1.073 ± 0.073	1.075 ± 0.070	
	TC（n = 15）	1.052 ± 0.059	1.052 ± 0.060	1.048 ± 0.063	1.045 ± 0.065	
rs9525641	CC（n = 5）	1.038 ± 0.056	1.057 ± 0.073	1.058 ± 0.071	1.058 ± 0.072	p < 0.01
	TT（n = 10）	1.104 ± 0.093	1.097 ± 0.099	1.098 ± 0.093	1.101 ± 0.087	
	TC（n = 13）	1.056 ± 0.062	1.055 ± 0.063	1.051 ± 0.067	1.048 ± 0.069	

注：p 值代表重复测量方差分析中时间与处理方式的交互作用。

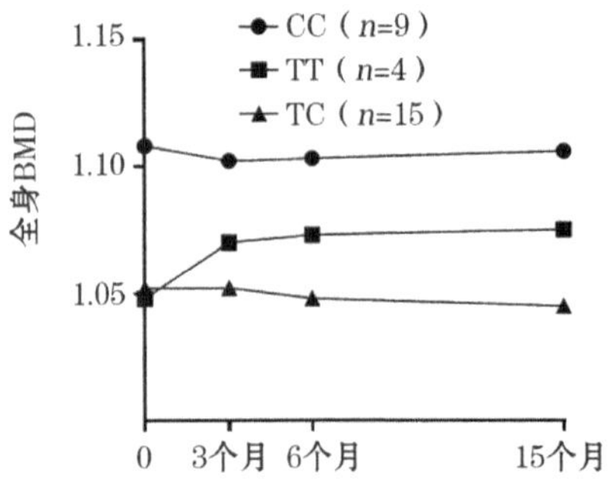

图 9 – 2　rs3742257 不同基因型 BMD 变化趋势

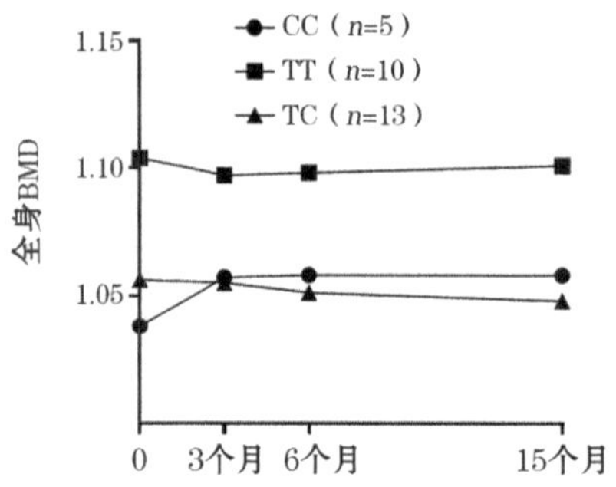

图 9 – 3　rs9525641 不同基因型 BMD 变化趋势

9.3　分析与讨论

本研究中，共有 38 名受试者（10 名为对照组，28 名为振动组）完成了 15 个月的实验，并具有第 0、3、6、15 个月 4 次测试的完整数据。本研究结果表明，在第 6 个月测试点，对照组和振动组受试者全身、右股骨及腰椎骨密度值与实验前均无显著差异，说明 6 个月的时间尚不会引起普通绝经后女性骨密度出现显著下降，同样，6 个月的全身振动训练也不会对绝经后女性的骨密度产生显著影响。对受试者 15 个月骨密度连续数据分析发现，与实验前基础值相比，振动组受试者全身、右股骨及腰椎骨密度均无显著差异；对照组受试者全身及股骨骨密度无显著差异，而腰椎骨密度出现显著下降。以各组受试者实验前的基础值为协变量进行协方差分析，结果表明，振动组和对照组受试者腰椎骨密度的变化出现显著差异。对受试者连续 15 个月的数据分析发现，对照组受试者全身、腰椎骨密度均呈现逐渐下降态势，振动组受试者全身骨密度维持不变，而腰椎骨密度逐渐升高。对照组和振动组受试者之间腰椎骨密度有显著差异，而全身、右股骨骨密度差异不显著。由此可见，15 个月可使绝经后女性腰椎骨密度出现显著下降，而其他部位骨密度则无显著改变。出现这种结果的原因可能与不同部位的骨骼骨质成分不同有关，股骨主要为密质骨，而腰椎主要为松质骨，而松质骨最容易受到雌激素下降的影响，在绝经后早期即出现迅速丢失，因而出现最为显著的下降[1]。全身及股骨由于松质骨的比例较低，在 15 个月的实验周期内并未出现显著变化。15 个月的实验干预可对振动组受试者腰椎骨密度产生一定正性效应，虽然与实验前基础值相比骨密度没有显著变化，但由于同期对照组受试者腰椎骨密度出现显著下降，因此可认为，15 个月的全身振动训练可以有效延缓腰椎随增龄出现的骨丢失。对 15 个月实验进程中受试者骨密度连续数据重复测量方差分析也发现，振动组和对照组之间腰椎骨密度的变化有显著差异。由此可见，15 个月全身振动训练不仅有效地遏制了绝经后女性骨量随年龄的丢失，还对腰椎骨密度有一定的升高效应。

骨骼是一种动态组织，不断进行着新骨替换旧骨的新陈代谢，称为骨转换。骨转换按照一定的顺序进行，其包括静止—活化—吸收—间歇—形成—静止，成年人一个骨重建周期约为 120 天[2]。在骨重建过程中，骨骼通过外界机械负荷产生的应变，激活骨骼重塑细胞，改变骨量及骨结构[3]。因此，如欲使一种骨量干预方法起到良好效果，持续干预时间一定要大于 120 天。本研究发现，全身振动训练作为骨量的干预方法，时间至少要在 6 个月以上。因此，在骨量干预的实验研究中，延长干预时间是获得理想干预效果的有效方法。

对 28 名受试者 15 个月骨密度的变化与 OPG - RANK - RANKL 基因多态性关联性分析发现，除 RANKL 基因的 rs3742257 和 rs9525641 与全身 BMD 的变化有关联外，其余各位点与各部位骨密度均无关联。RANKL 基因位于染色体 13q14，其编码蛋白通过与 RANK 的结合，促进破骨细胞的分化、成熟，促进骨吸收。既往有研究发现，这两个位点与髋部骨密度相关[4]。本研究发现，这两个位点与 15 个月全身振动训练受试者全身骨密度的变化有相关性。rs3742257/TT 型受试者全身 BMD 升高量显著大于 CC 型和 TC 型受试者，且差异显著。rs9525641/CC 型受试者全身 BMD 的升高量显著大于 TT 型和 TC 型受试者，且差异显著。由此可见，rs3742257 和 rs9525641 可能是全身振动训练干预全身骨密度的敏感分子标记。rs3742257 和 rs9525641 位点均位于内含子，内含子对基因功能的调控作用尚需进一步的研究予以阐明。

本研究中，15 个月的全身振动训练对全身骨密度无明显改善效果，当对受试者基因分型后发现，某些基因型受试者在全身振动训练的干预下骨密度的改善效果优于其他基因型，骨密度的改变也更加明显。因此，如果本研究结果成立，将为众多未获得阳性结果的研究提供一种解释，那就是可能是基因型差异导致个体在同一干预因素的作用下干预效果出现差异，从而影响整体的干预效果出现差异。因此，在进行某种干预效果的评价时，应该考虑到基因型差异对干预效果的影响。

本研究仅发现 2 个位点与全身振动训练干预骨密度的效果相关联，一方面，可能所选位点基因型确与全身振动训练干预骨密度效果无关；另一方面，也可能由于样本量所限，某些位点基因型之间存在的差别未显示出来，出现非真实性的阴性结果。在未来的研究中，可加大样本本量进行更多敏感位点的筛选。

9.4 小结

本研究通过对绝经后女性为期 15 个月的全身振动训练，并通过基因多态位点与全身振动训练对骨密度干预效果的关联性分析，筛选出全身振动训练敏感的分子标记。经过统计分析后，得出以下结论：

（1）15 个月的全身振动训练可有效减缓绝经后女性腰椎 BMD 随增龄出现骨丢失。

（2）RANKL 基因 rs3742257 和 rs9525641 与全身振动训练干预全身骨密度的效果具有相关性，可用于解释全身振动训练后全身骨密度变化的个体差异，可能为全身振动训练干预骨密度的敏感分子标记。

【参考文献】

[1]吴子祥,雷伟,胡蕴玉,等. 骨质疏松绵羊模型松质骨及皮质骨的微观结构及力学性能变化的研究[J]. 中国骨质疏松杂志,2007,13(8):537 - 541.

[2]HARA K, AKIYAMA Y. Collagen - related abnormalities, reduction in bone quality, and effects of menatetrenone in rats with a congenital ascorbic acid deficiency[J]. J Bone Miner Metab,2009,27(3):324 - 332.

[3]FROST H M. Bone's mechanostat: a 2003 update[J]. Anat Rcc a Discov Mol Cell Evol Biol,2003,275(2): 1081 - 1101.

[4]XIONG D H, SHEN H, ZHAO L J, et al. Robust and comprehensive analysis of 20 osteoporosis candidate genes by very high - density single - nucleotide polymorphism screen among 405 white nuclear families identified significant association and gene - gene interaction[J]. J Bone Miner Res,2006,21(11):1678 - 1695.

10 阳性分子标记的生物功能研究

MSTN 基因是调节人和动物肌肉生长发育的最强有力的基因之一[1-3]。它不仅可以抑制骨骼肌的生长和分化，还可通过多种途径调节脂肪的生长，MSTN 基因敲除后脂肪的生成会受到抑制，机体脂肪量下降[4-5]。本研究发现，MSTN 基因 rs3791783/AA 型及 rs7570532/TT 型受试者进行全身振动训练后身体脂肪百分比显著下降，瘦体重百分比显著增高，而其他基因型无显著改变。提示，该位点可能通过某种方式影响 MSTN 的基因表达。MSTN 基因 rs3791783 以及 rs7570532 位于 MSTN 基因第 2 内含子区域，推测其可能为内含子功能性多态位点。截至目前，该位点调节肌肉、脂肪生长的生物学机制未见报道。为进一步明确该位点的生物学功能，探寻该位点对 MSTN 基因表达的调控机制，本研究采用体外分子克隆重组技术，全基因合成 MSTN 基因第 2 内含子基因片段，将其整合入携带荧光素酶报告基因的 pGL3 - promoter 载体，构建 PGL3 - promoter - MSTN 重组质粒，再通过定点突变构建 pGL3 - promoter - rs3791783G、pGL3 - promoter - rs7570532C 重组质粒，转染入 C2C12 细胞，观察不同基因型质粒荧光素酶报告基因的表达情况，探讨 rs3791783、rs7570532 多态位点影响基因表达的分子调控机制。

10.1 研究对象与方法

10.1.1 研究对象

10.1.1.1 细胞株及质粒

C2C12 细胞、pGL3 - promoter 质粒为本实验室留存。DH5α 感受态细胞购自天根生化公司。

10.1.1.2 试剂及耗材

细胞转染试剂 VigoFect Transfection Reagent 为威格拉斯公司产品；T4 DNA 连接酶、PureYield™ Plasmid Midiprep System、双荧光素酶检测系统 Dual – Luciferase Reporter Assay System 为 Promega 公司产品；细胞培养用胎牛血清、Opti – MEM ® Ⅰ为 Gibico 公司产品；DMEM（高糖）培养基、0.25% 胰酶、96 孔细胞培养板为 Hyclone 公司产品；96 孔白色微孔板为 LUMITRAC200。

10.1.1.3 实验仪器

倒置显微镜（OLYMPUS，日本）、二氧化碳培养箱（SANYO，日本）、小型台式低温离心机（Eppendorf，德国）、NanoDrop 8000 分光光度计（Thermo，美国）。

10.1.2 pGL3 – promoter – MSTN 载体构建

在 http：//www.ncbi.nlm.nih.gov 核酸数据库查询并获得 MSTN 基因第 2 内含子 cDNA 序列如下（下划线为 rs3791783A – G 和 rs7570532T – C 突变位点）：

GTAAGTGATAACTGAAAATAACATTATAATAACCTTATGTTTTATTCATAATATG
AACAAACAATAGTGGAAAATAGCTACAAATTCCCTAAGCTCATAAGCTAGACAAAGGT
ATCTTACCCCAACGGTAGCCCTGTACCCAATAAAAGTAGGTGTCCAATTTCATATCCTA
TGAAACACTCCCTTGATACTCTTACTTTGCATCAAGATTTTAGAAAACAATTATACCAT
ACTTCTTAACTTCTTAAGAAGTCCTTTTGAATTGGGAATGAAATATAAAGTGCTTTTCAT
TAATATGATACATGACTGTATGTATTAAAATATTAACTCTATATAGTGGATTTTACCAC
ATAAACCAACAAATCCAAACATTATTTTTTTCTCCCAGAAGGGTGCCAAATGTGTTAAA
GATTTTTGGCTTAGCATAAAACAGATAAACCTTTTAAAATTATAATTAAATGTTTTATTC
AGAGAAATTAAGAGTGATATTTATAGGCTTATACTTTATTAAATATATTTAAGGTTTCTC
AAGATAAATATGTTCATTATTTGTAGGATGTTGATGCACTGATGTGTGTATATATTTCTT
TGTGGAATACTCCTAATAAAATTTCAAGTTACATA/GCTAGTTAACCTTTGCCACCTAG
CTTATTTCTGAGCTGCCTTAGCATTCTTGTGCAAAAATTTACTCAGGGAAGGCCGACTA
ATTTAGTACCAGGCCAAGTAAATGACAATACCTTATATATCACAAAAATTAATAAAAA
CCATTTTAATTCCTAGTACAAATTTAGGGTTACTCTTCTGGCTTACCTAAATTTCTGTTT
TCAAATACTTAATGTGATCACATCTTTTTACGTTCATCTATTGATATAATTTACAAAAGA
AGATTATACTTGTAAACAACAAACCTGTTACCTTTGTAATCATTCAATGATCTTAGTTAT

AAAGATGATATAATTAGCAGATCAGATCTACTCTAAATAAAACATTCTTTAAAATACTA
TACAATATTTTTCATTTTTATTACTTTATTATATATATGTGTATATATATATTTATACAC
ACACACACATGTTTTACTTCAATATGTTGGGGGTACAAGTGGTTTCTGGCTACATAGA
TGAATTGTACAGTGGTGAAGTCTGAGGTTTTAGTGCACCCATCACTCCAAGTAGTGTAT
ATTGTACCAAATATGTAGTTTTTAATCCCTCATCCCTTTCTGAGTCTCCGAAGTACCTTA
TACTACTCTGTATGTCTTTGCGTACGCATAGCTTAGCTCGCACTTGTAAGTAAGAACGT
ATGGTATTTGGTTTTCCATTCCCTTCGAATAATGGCCTCCAGCTCCATCTAATTTGCTGC
AAAAGACATTCCTTT/CACTCTTTTTATGGTTAAATAGTATTCCATGGTGTATATATAC
CACATTTTCTTTATCCATTCATCCGCTGATGGGCACTTAGGCTGGTTCCATATCTTTACA
ACTGTGAATTATGCTGCGATAAACATACGTGTGCAGGTGTCTAAAAGACTATACAATT
TTCTAAATGATCTAGTTTCCTTTATATATGCTACTTTAAATGTTAATGACTCCCAAAATG
ATATTATTATTTTTGACAGTCTTAAATAACACTGCCAGAGCTATTTTCATTTAGATATG
GGTTAAAAACTACTGTCAATTATTTAAGAAAGTGTTCCTTTTTATAGGTAGAATTTTAA
TGATCAAAATTGATAATATGTCCAGTGGTTAATATGTTGTGTTCCTCAGATTTTTTCATG
TAAAGGGAAACAAAGTCTCAAATGCATTAAAAGATTGGGGCAGAGACAGAATCAACA
AATTTTTAAATACCTGAATAGAAACATTTTCCAGTGAAAGAATAAAGGAAATATCATC
GTCTCTTCTTCTGAATTTGTCCTTCCCTATTTTGCCCTGGTTTTATTGTCCAAGTTTTCCT
GAGTGAGGAGGATGGATGACTATACCTAACCCTCCAGGAGTTACCAGGCATATTTAGC
CAACATATTTAATCAGGAAGCAAGAAGAGAGGGAGCTGTTAGCTCTTTCCTTCATTCC
CCACTTCTTCTTCTCCTCTCTCTCTCCTTTCTTCCTTCCCTCCCTTTCTTCCCATAAATAT
TTTCAGGACATCCATTATGTGCCAGGCAATCTGGTACTCAAACTTGGAAAAATAAAAC
TTAAAAAGACATGGTACTGACCTTAGGGGAATTTGTATTGCTGTTAAATTCTTTTGAGA
CATAAGGGGAAAATCAAGCCTAGTGTAAATTAACATTCCTTAATGCTGTGCCTTTTAAA
AATAAATGTGGTATGAGCAAAATTATTAGTTTATTACTTCAACAATAACTTCTTAAGGT
AGGTAGAAAAGTGTTTCCAGGCCTATTGATATTACTGATTGTTCTTTCCTTTTCAAACAG

AMP^{t} 采用全基因合成方法合成 MSTN 基因第 2 内含子，整合入 pGL3 - promoter 载体，构建质粒。在构建质粒前，在序列起始密码子前添加 5'KpnI and 3'XhoI 酶切位点序列，5'KpnI：GGTACC；3'XhoI：GAGCTC。表达载体构建策略如图 10 - 1 所示。

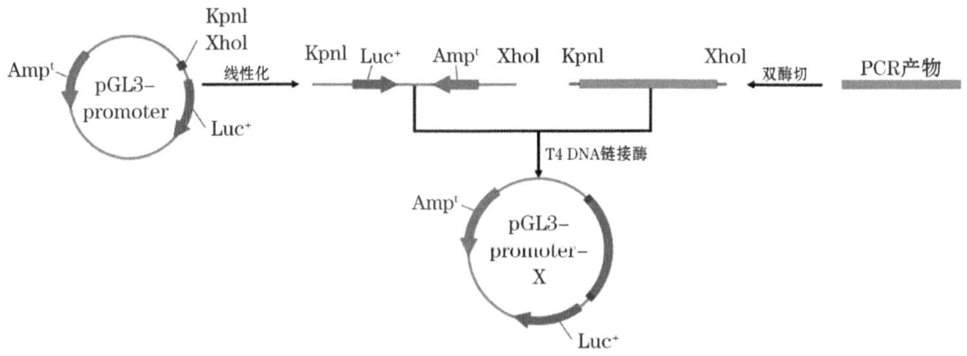

图 10－1　pGL3－promoter－MSTN 重组质粒表达载体构建策略

将构建成功的重组质粒命名为 pGL3－promoter－MSTN。载体构建方法如下。

（1）质粒的双酶切：采用 Kpn I 和 Xho I 内切酶对质粒和 MSTN－intron2 cDNA 片段进行双酶切。质粒酶切体系：NEBbuffer 5 μL、100×BSA 0.5 μL、pGL3－promoter 质粒 2 μL、Kpn I 1 μL 和 Xho I 1 μL，加双蒸水值 50 μL。37 ℃水浴 4h，水浴完毕，加入 10 μL 6×loadingbuffer，混合均匀。点样如质量分数 1% 琼脂糖凝胶中。在紫外灯下，从质量分数 1% 琼脂糖凝胶上切下目的片段，回收酶切片段。

（2）酶切产物的回收按 Axygen 凝胶产物回收试剂盒操作说明进行：

①用去离子水对凝胶块稍作冲洗，置于 1.5 mL 离心管中。

②向胶块中加入胶融化液 Buffer DE－A，加量约 3 个凝胶体积量，用移液枪充分吹打，混匀液体，75 ℃水浴加热，使胶块充分融化，融化期间间断震荡混合。

③加入 Buffer DE－B，体积为 Buffer DE－A 的一半，充分吹打，混匀。

④将混合液转移至 DNA 制备管中，12 000×*g* 离心 1 min，弃上清液。

⑤将 500 μL 的 Buffer W1 加入制备管中，12 000 r/min 离心 30 s，弃上清液。

⑥将 700 μL 的 Buffer W2 计入离心柱中，12 000 r/min 离心 30 s，弃上清液。重复操作一次。

⑦将制备管安置于新的 1.5 mL 离心管中，加入 30 μL 的 DNA 洗脱液，室温静置 5 min。

⑧12 000 r/min 离心 1 min 洗脱 DNA，保存于 －20 ℃备用。

（3）目的基因双酶切：将合成的 MSTN－intron2 进行双酶切，并纯化，方法同（1）。

（4）连接反应：取纯化后的 pGL3－promoter 质粒 1 μL 和纯化的目的基因 7 μL 混匀，加入 T4 Buffer 1 μL T4 DNA 链接酶（3 μ/μL）1 μL，混匀，4 ℃过夜。

（5）连接产物的转化：

①取 10 μL 连接产物，无菌条件下，加入 100 μL 冰水浴的解剖盘上化冻的 DH5α 感受态细胞中，温和摇动混匀，冰浴放置 30 min。

② 42 ℃水浴，热激 70 s，迅速放置冰盘上，冰浴 3 min。

③转移菌液至装有 900 μL 预热至 37 ℃的 LB 培养液（不含氨苄青霉素）的离心管中，37 ℃温和震荡（200 r/min）1 h。

④室温下，4 500 × *g* 离心 2 min，吸取上清液，重悬剩余的 DH5α 感受态细胞，并全部涂布于含氨苄青霉素（100μg/ml）的 LB 培养板上。

⑤涂好的平板于 37 ℃细胞培养箱正向放置，培养 1 h，待 LB 平板表面上的液体被吸收完全以后，倒置平板，过夜培养，直至长出菌落。

（6）重组质粒的培养与提取：转化之后，于次日用无菌牙签从 LB 平板上挑选白色菌落，置于 4mL 含氨苄青霉素的 LB 液体培养基中，于 37 ℃ 250 r/min 振荡摇床培养过夜。质粒提取步骤依照 AXYGEN AxyPrep 质粒 DNA 小量提取试剂盒进行：

①取 4 mL 含 DH5α 感受态细胞的菌液，5 000 × *g* 离心 5 min，弃去 3 mL 上清培养基，重悬细胞，将剩余 1mL 含 DH5α 感受态细胞培养基转移至 1.5 mL 离心管中。12 000 × *g* 的离心 1 min，弃上清液。

②向离心管中加入 250 μL 试剂盒中的 Buffer S1，移液枪吹打，使之混匀；再加入 250 μL 试剂盒中的 Buffer S2，立即上下颠倒数次；再次向离心管中加入 350 μL 试剂盒中的 Buffer S3，混匀后 12 000 × *g* 离心 10 min。

③将离心上清转移到制备管［置于 2 mL 离心管（试剂盒内提供）中］，再次以 12 000 × *g* 离心 1 min，并弃去废液。

④再将制备管重新放回到收集管，加入 500 μL Buffer W1，12 000 × *g* 转速离心 1 min，弃去滤液。再将制备管放回离心管，加入 700 μL 的 Buffer W2 12 000 × *g* 离心 1 min，弃去滤液；重复该步骤一次。

⑤将完全除去滤液的制备管转移至一个干净无核酸酶的离心管中，室温静置

5 min。再加入 60 μL 的 Eluent 溶液，室温静置 1 min。12 000 × *g* 离心 1 min，得到质粒。

（7）重组质粒的鉴定：对重组质粒进行双酶切鉴定，酶切体系：NEB Buffer 35 μL、重组质粒 2 μL、KpnI 1 μL and HindⅢ1 μL，加 ddH_2O 至 50 μL。37 ℃水浴 5 h。水浴完毕，质量分数 1% 琼脂糖凝胶电泳。紫外灯下切下含目的条带的琼脂糖凝胶，凝胶电泳成像系统拍照鉴定。酶切鉴定正确的质粒，进一步测序鉴定。

10.1.3 pGL3 – promoter – MSTN – G 和 pGL3 – promoter – MSTN – C 载体构建

本研究中 rs3791783 和 rs7570532 位点突变型重组质粒由 pGL3 – promoter – MSTN 定点突变获得，将其分别命名为 pGL3 – promoter – rs3791783 – G 和 pGL3 – promoter – rs7570532 – C。

定点突变策略：以 pGL3 – promoter – MSTN 为模板质粒，用基因定点突变技术获得 rs3791783/GG 型 pGL3 – promoter – rs3791783 – G 和 rs7570532/CC 型 pGL3 – promoter – rs7570532 – C 质粒。突变策略如图 10 – 2 所示。

图 10 – 2 质粒定点突变策略

注：* 标示为目的 SNP 位点。

10.1.3.1 定点突变引物的设计

定点突变引物的设计采用部分重叠引物设计，引物包含 5' 端重叠区、突变点和 3' 端延伸区，以质粒为模板时，扩增产物为环状。引物序列如下：

rs3791783 定点突变引物：

上引物 5' - ACGTTGGATGAATAAGCTAGGTGGCAAAGG - 3'

下引物 5' - ACGTTGGATGAGGATGTTGATGCACTGATG - 3'

rs7570532 定点突变引物：

上引物 5' - ACGTTGGATGCCATGGAATACTATTTAACC - 3'

下引物 5' - ACGTTGGATGCATTCCCTTCGAATAATGGC - 3'

10.1.3.2 定点突变 PCR 反应

定点突变 PCR 反应体系：10 × EasyPfu Polymerase Buffer，5 μL；10 mmol/L dNTP，2 μL；上游引物，100 ng；下游引物，100 ng；Easy Pfu DNA Polymerase，1 μL；重组质粒模板，1 - 5 μg；加 ddH_2O 水至 50 μL。

PCR 反应条件：94 ℃预变性 5 min，94 ℃变性 30 s，55 ℃退火 30 s，72 ℃延伸 10 min，共 25 个循环。

取 10 μLPCR 扩增产物，用质量分数 1% 琼脂糖凝胶电泳检测是否含有所需条带。

10.1.3.3 定点突变 PCR 产物的消化

在定点突变 PCR 产物中加入 1 μL DMT 酶，充分混匀，37 ℃孵育 2 h。

10.1.3.4 定点突变 PCR 产物的转化及质粒培养与提取

转化及质粒培养与提取步骤同 5.1.2.1。对提取的质粒进行测序，将测序结果正确的质粒命名为 pGL3 - promoter - rs3791783 - G 和 pGL3 - promoter - rs7570532 - C，保存菌种。

10.1.4 细胞转染

分别将 pGL3 - promoter - MSTN、pGL3 - promoter - rs3791783 - G 和 pGL3 - promoter - rs7570532 - C 重组质粒以及 pGL3 - promoter 空质粒转染入 C2C12 细胞，pGL3 - promoter 空质粒为对照组。编号及分组见表 10 - 1。

表 10－1 实验质粒转染分组

试剂名称	转染质粒
空质粒对照组（Con 组）	pGL3 － promoter
MSTN － intron2 野生型质粒（W 组）	pGL3 － promoter － MSTN
rs3791783/GG 型质粒（G 组）	pGL3 － promoter － rs3791783 － G
rs7570532/CC 型质粒（C 组）	pGL3 － promoter － rs7570532 － C

参照威格拉斯公司的 VigoFect Transfection Reagent 说明书进行转染。

（1）预先复苏 C2C12 细胞，在转染前一天，96 孔板中加入无抗生素的生长培养基（100 μL/孔）培养细胞于含体积分数 5% CO_2、37 ℃细胞培养箱中培养，当转染的细胞生长密度达 70% ~80% 时，进行转染。

（2）转染样品制备：Opti － MEM ® Ⅰ中加入待转染质粒组（表 10－2），用 Opti － MEM ® Ⅰ稀释 VigoFect（将 0. 1 μL 的 vigofect 稀释为 5 μL），混匀后室温放置 5 min。

（3）质粒 － VigoFect 两者混合后室温孵育 20 min 后，将混合物加入 96 孔板中，于 37 ℃、体积分数 5% CO_2 培养 5h 后，加入含体积分数为 10% 的血清培养基继续培养。

（4）48 h 后使用荧光素酶检测试剂盒检测实验样品。质粒 pGL3 － promoter 为对照组，所有质粒转染均做 3 孔平行，并重复 3 次。

表 10－2 C2C12 细胞转染方案

成分	Con 组	W 组	G 组	C 组
构建质粒（250 ng）	pGL3 － promoter 0. 38 μL	pGL3 － promoter － MSTN 0. 32 μL	pGL3 － promoter － rs3791783 － G 0. 39 μL	pGL3 － promoter － rs7570532 － C 0. 45 μL
海肾荧光素酶质粒（25 ng）	1. 25 μL	1. 25 μL	1. 25 μL	1. 25 μL
Opti － MEM ® Ⅰ	3. 37 μL	3. 43 μL	3. 36 μL	3. 30 μL

10.1.5 荧光素酶相对活性检测

转染后细胞的荧光素酶活性检测采用 Promega 公司的 Dual – Luciferase Reporter Assay System，按照操作说明书进行。

（1）检测前按说明书准备所需试剂：LARà Ⅱ（萤光素酶检测试剂）、SG（Stop & Glo）试剂（终止液）、PLB（Passive lysis Buffer）试剂（细胞裂解液）、PBS（Phosphate buffer Saline）（磷酸缓冲液）。

（2）裂解转染细胞：小心地将生长培养基从待检细胞培养皿中吸出弃掉。用 PBS 漂洗细胞 2 次，尽可能多地将漂洗用 PBS 吸出弃掉。加入足够的裂解缓冲液（PLB）以覆盖细胞（20 μL/孔）。摇晃培养皿数次以保证裂解缓冲液完全覆盖细胞。将细胞从培养皿刮下，转移至一个离心管（冰上）中。将离心管旋涡震荡 5 s ~10 s，然后以 12 000 × g 离心（室温）15 s，将上清液转移至一个新的试管中。

（3）96 孔白色微孔板（LUMITRAC 200）中加入裂解产物（20 μL/孔），再加入 100 μL 萤光素酶检测试剂（100 μL/孔），混匀后立即检测并读数。

（4）加入 Stop & GloR Reagent（100 μL/孔），混匀后立即检测并读数。

（5）所有质粒转染均做 3 孔平行，并重复 3 次。

10.1.6 数据统计方法

所有数据均采用 SPSS 19.0 统计软件完成，荧光素酶报告基因检测结果以萤火虫荧光素酶发光值/海肾荧光素酶发光值（F/R）为表达活性，数据以用均数 ± 标准差（mean ± SD）表示。各组间比较采用单因素方差（one – way ANOVA）分析；同位点不同基因型间比较采用独立样本 t 检验。所有的统计检验均采用双侧检验，显著性水平为 $p < 0.05$，非常显著性水平为 $p < 0.01$。

10.2 研究结果

10.2.1 pGL3 – promoter – MSTN 重组质粒的鉴定

pGL3 – promoter – MSTN 重组质粒 KpnI 和 HindⅢ酶切产物电泳结果表明，重组

质粒酶切出两个片段，较小片段为目的基因，较大片段为 pGL3 - promoter 载体片段，总长度约 7 kb。测序结果显示，所插入的序列与目的序列一致，符合率达 100%，pGL3 - promoter - MSTN 重组质粒构建成功。

10.2.2　pGL3 - promoter - rs3791783 - G 和 pGL3 - promoter - rs7570532 - C 重组质粒重组质粒的鉴定

对定点突变的质粒直接测序。结果显示，rs3791783 的碱基由 A 突变为 G，rs7570532 由 T 突变为 C，其余碱基未发生变化，说重组质粒定点突变成功，测序结果证明，pGL3 - promoter - rs3791783 - G 和 pGL3 - promoter - rs7570532 - C 重组质粒构建成功。

10.2.3　不同质粒转染细胞双荧光素酶报告基因相对活性结果

将质粒转染 C2C12 细胞 48 h 后检测荧光素酶活性，计算 F/R 活性比值，单因素方差分析 F/R 结果显示，与各自 pGL3 - promoter 空质粒相比，pGL3 - promoter - MSTN、pGL3 - promoter - rs3791783 - G 和 pGL3 - promoter - rs7570532 - C 质粒转染细胞后的荧光素酶活性均显著升高；与野生型 pGL3 - promoter - MSTN 质粒相比，突变型质粒 pGL3 - promoter - rs3791783 - G 及 pGL3 - promoter - rs7570532 - C 转染细胞后荧光素酶活性均显著降低（表 10 - 3）。不同质粒转染细胞后荧光素酶活性变化如图 10 - 3 所示。

表 10 - 3　不同基因型质粒转染 C2C12 细胞 48 h 荧光素酶相对活性

	Con 组	W 组	G 组	C 组
相对发光值（F/R）	0.812 ± 0.166	3.302 ± 1.121**	1.760 ± 0.92**##	1.449 ± 0.549*##

注：* $p < 0.05$，** $p < 0.01$，与 pGL3 - promoter 空质粒转染后细胞相比；
# $p < 0.05$，## $p < 0.01$，与 pGL3 - promoter - MSTN（野生型）相比。

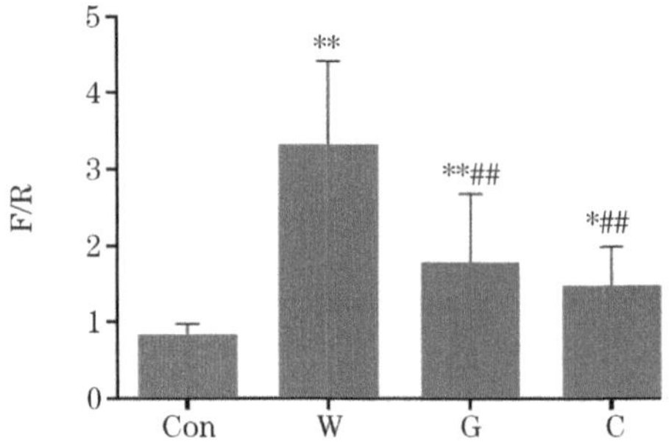

图 10－3　不同基因型质粒转染 C2C12 细胞 48 h 荧光素酶相对活性

注：$*p<0.05$，$**p<0.01$，与 pGL3－promoter 空质粒转染后细胞相比；$^{\#}p<0.05$，$^{\#\#}p<0.01$，与 pGL3－promoter－MSTN（野生型）相比。

10.3　分析与讨论

真核生物基因是由编码序列和非编码序列组成的。由于编码序列的突变常常会引起氨基酸类型的改变，而位于非编码序列的多态位点在基因的表达中起重要的调控作用。目前对基因非编码序列多态位点的生物功能研究主要集中在启动子区域，对于内含子区域的研究相对较少[6]。内含子是指断裂基因中外显子的间插序列，可参与前体 RNA 的转录，但其转录的 RNA 序列于转录后的加工中被切除，不包括于成熟的 RNA 分子中。因此，内含子自 1977 年发现以来，其起源、进化及功能的问题一直是争论的焦点。传统观点认为，内含子属于非编码序列，生成的 mRNA 在加工过程中被剪切掉，没有生物学功能。然而越来越多的研究发现内含子并不是基因组的“垃圾”，而是在基因表达调控中具有重要的生物学功能。有证据表明，内含子在维持 mRNA 前体稳定性、翻译和转录过程的调节中发挥重要作用[7]。

对于内含子的功能，目前普遍认为它们与基因的表达调控有关，如内含子含有增强子，促进转录的延伸，有的内含子还可增强基因转录的起始反应[8]；而在另一些基因中，转录衰减位点可能位于内含子上，可抑制转录的延伸，甚至导致基因的失活[9]。内含子还具有选择性剪切功能，内含子与外显子交界处的内含子突变，会导致外显子的缺失或内含子不被剪切，发生在内含子中间的变异也会因为激活了隐性剪切位点而影响了正常剪切从而致病[10]。2004 年，许勒（Schuelke）等[11]发现一例儿童肌肉异常发达，其原因就是 MSTN 基因第 1 内含子的一个位点 G－A 突变，改变了 MSTN 基因的剪切方式，导致 MSTN 表达失活。

既往研究发现，MSTN 基因第 2 内含子 rs3791783/AA 型人群较 GG 型人群具有更高的体重、BMI 以及腰围，具有更高的肥胖风险[12]。rs3791783 是不是 MSTN 基因表达调控位点，截至目前未见到相关文献。这些位点的变异是不是通过影响 MSTN 转录活性，从而导致不同基因型人群出现身体脂肪、瘦体重的差异？此问题的回答需要进一步的实验研究。目前，有关内含子及内含子基因多态位点生物功能的研究常采用双荧光素酶报告基因系统。此方法的原理是在携带荧光素酶报告基因质粒的多克隆酶切位点区插入目的序列，观察下游荧光素酶报告基因的表达，荧光素酶荧光强度可以间接地反映插入序列对下游基因表达的影响。以海肾荧光素酶作为内参对照，其活性的测试可以有效地消除由于细胞数量、质量、转染效率、非特异性反应所造成的实验误差，增加实验的准确性。段朝霞等[13]为了研究人多巴胺 D_2 受体基因内含子区 51103T/C 多态性对基因转录活性的影响，将含此多态位点的第 3 内含子构建至 pmir－Glo 载体，观察不同基因型质粒在细胞裂解液中荧光素酶的活性，发现此位点可能为人多巴胺受体基因转录增强位点。还有研究者采用此方法研究某基因一个内含子对基因表达的调控活性[14]。本研究亦采用双荧光素酶报告系统研究方法，探讨 MSTN 基因 rs3791783 及 rs7570532 位点对 MSTN 基因的调控机制。采用全基因合成的方法合成 MSTN 基因第 2 内含子全部序列，将其导入 pGL3－promoter 质粒中，并对其定点突变获得 pGL3－promoter－MSTN、pGL3－promoter－rs3791783－G 和 pGL3－promoter－rs7570532－C 三种重组质粒，将其转染入 C2C12 细胞中，48 h 后观察不同基因型对下游基因表达量的影响。结果表明，pGL3－promoter－MSTN、pGL3－promoter－rs3791783－G 和 pGL3－promoter－rs7570532－C 三种重组质粒的报告基因表达活性显著高于pGL3－promoter 空质粒对照组，由此可见，插入 MSTN 基因第 2 内含子序列上调了下游基因的表达，此序列中可能存在增强基因转录的位点。此外，突变型 pGL3－promoter－rs3791783－G 和 pGL3－promoter－rs7570532－C 质粒的表达活性显著低于野生型，说明 rs3791783/AA 型下游基因的转录活性显著高于 rs3791783/GG 型

(rs7570532/TT 型下游基因的转录活性显著高于 rs7570532/CC 型)。结合之前报道的"rs3791783/AA 型人群较 GG 型人群具有更高的体重、BMI 以及腰围，具有更高的肥胖风险[12]"结果，有理由推测，rs3791783 及 rs7570532 可能调控了 MSTN 的基因表达，这些位点的变异可能会影响 MSTN 转录活性，影响 MSTN 的合成量，从而导致不同基因型人群出现身体脂肪、瘦体重的差异。

本研究有关全身振动训练效果与相关基因多态性的关联研究结果表明，MSTN 基因 rs3791783/AA 型和 rs7570532/TT 型受试者经过 3 个月的全身振动训练，身体的脂肪下降量及瘦体重增加量显著高于其他基因型。也就是说，在全身振动训练后，rs3791783 携带 A 等位基因较携带 G 等位基因者、rs7570532 携带 T 等位基因者较携带 C 等位基因者身体脂肪更容易下降，瘦体重更容易升高。此种现象的出现考虑可能与不同基因型人群 MSTN 基因转录活性的初始水平存在显著差异有关。不同基因型人群在进行全身振动训练后，MSTN 基础水平高的受试者更容易降低，从而导致其全身振动训练后脂肪、瘦体重改变量更大。另外，此现象的出现可能与不同基因型人群在全身振动训练的干预下 MSTN 转录活性的下调程度不同有关，即遗传因素和环境因素相互作用对身体成分的影响。正如卡斯皮（Caspi）等[15]的研究描述的那样，携带 5 - 羟色胺转蛋白（5 - hydroxytryptamine transporter，5 - HTT）短等位基因人群在临床上罹患抑郁症的概率是携带长等位基因人群的 2.5 倍，但短等位基因携带者出现抑郁的风险与所处的高压环境有关，如失业、离婚、丧失亲人等，如在轻松友好的环境氛围中，携带 5 - HTT 短等位基因者出现抑郁的风险会显著降低。既往研究证实，全身振动训练作为一种环境因素在一定程度上下调 MSTN 基因的表达[16]。由此推测，不同基因型人群在这种环境因素的作用下 MSTN 的转录活性下调程度有所不同，rs3791783 位点携带 A 等位基因者以及 rs7570532 携带 T 等位基因者可能对全身振动训练更为敏感，在进行全身振动训练后其转录活性更容易被下调，从而使 rs3791783 - AA 型及 rs7570532 - TT 型受试者较其他基因型受试者能获得更显著的训练效果。

总之，rs3791783 及 rs7570532 多态位点基因型的不同，不仅使 MSTN 基因转录活性不同，导致人群脂肪、瘦体重含量出现个体差异，也可能使不同基因型人群对振动这种机械刺激产生的反应有所不同，导致不同基因型人群全身振动训练后身体成分的变化也不尽相同。也可以说，基因型的不同为全身振动训练的效果提供了不同的潜能，但只有通过全身振动训练，这种潜能才能转变为现实。本研究结果为 MSTN 基因转录调控机制研究提供了基础，但其转录活性的具体分子调控机制以及全身振动训练对不同基因型 MSTN 基因表达的影响还有待于进一步研究证实。

10.4 小结

本研究通过对 MSTN 基因第 2 内含子 rs3791783 及 rs7570532 不同基因型重组质粒双荧光素酶报告基因相对活性的测定，探讨这两个位点对 MSTN 基因表达的影响。实验结果表明，rs3791783 及 rs7570532 可能处于 MSTN 基因的调控位点，此位点的变异影响了下游基因的转录活性，也可能影响全身振动训练对不同基因型人群身体脂肪、肌肉的干预效果。

10.5 文献综述

10.5.1 基因多态性生物学功能的研究必要性

基因多态位点是一种 DNA 分子标记，是分子遗传变异的直接反映。据估计，人类基因组共有 30 亿对碱基，因而不同个体间可能存在 300 万个位点的差别。这些位点的变异是否都产生功能变化？研究发现，有的基因组序列的变异，不一定带来该基因功能上的变化，也不致造成表型上的差异；有的则导致基因编码的蛋白质产生实质性改变，或者基因表达方式的改变。

基因多态性关联性分析可从遗传学角度提示可能在相关表型的发生中起作用的基因以及分子遗传学标记，但对于多基因控制的表型，仅通过关联性分析可能存在假阳性的可能。另外，基因与基因之间、基因与环境之间存在复杂关系，这些均导致关联性分析的研究结果存在较大争议。基因多态位点是否会对某一基因表型以及某一干预效果产生影响，最好的证明方法就是多态位点的生物学功能分析。在医学领域，最常用的研究方法是通过测量携带不同等位基因的个体活体组织中的蛋白表达，探索某多态位点在基因表达及基因调控过程中对相关蛋白质表达的影响。但这种研究方法的弊端在于，组织中表达的 mRNA 或蛋白质受到多个基因多态位点的影响，很难辨别是某一个或某几个基因位点的变异引起了目的mRNA或蛋白的变化。与运动相关的基因多态位点生物功能的研究更是如此，我们除了能获得正常人或运动员在血液中表达的蛋白质外，几乎无法获得在其他组织中表达的目的蛋白，这也在一定程度上增加了运动领域中研究目的蛋白表达调控的难度。

10.5.2 双荧光素酶报告基因系统

为了在体外研究分子标记的生物学功能，2009 年，阿吉罗保罗斯（Argyropoulos G）等[17]采用体外基因克隆、报告基因质粒构建、细胞转染、PCR 等方法，研究 KIF5B（驱动蛋白重链）基因启动子区的多态位点及单体型的生物功能，证实该启动子区域的一个位点影响了基因的表达，进一步影响了受试者的心输出量。其采用的方法为双荧光素酶报告基因法，它通过将目的基因克隆、构建基因表达载体，并将构建好重组质粒转化入原核或真核细胞，诱导目的基因的表达，通过检测荧光素的光信号，对不同等位基因对报告基因表达活性进行间接评估。本方法还以海肾荧光素酶作为内参对照，其活性的测试可以有效地消除细胞数量、质量、转染效率、非特异性反应所造成的实验误差，增加实验的准确性[13-14]。

【参考文献】

[1]LIN J,ARNOLD H B,DELLA - FERA M A,et al. Myostatin knockout in mice increases myogenesis and decreases adipogenesis[J]. Biochem Biophys Res Commun,2002,291(3):701 - 706.

[2]MOSHER D S,QUIGNON P,BUSTAMANTE C D,et al. A mutation in the myostatin gene increases muscle mass and enhances racing performance in heterozygote dogs[J]. PLoS Genet,2007,3(5):779 - 786.

[3]KAMBADUR R,SHARMA M,SMITH T P,et al. Mutations in myostatin(GDF8) in double - muscled Belgian Blue and Piedmontese cattle[J]. Genome Res,1997,7(9):910 - 916.

[4]ANTONY N,BASS J J,MCMAHON C D,et al. Myostatin regulates glucose uptake in BeWo cells[J]. Am J Physiol Endocrinol Metab,2007,293(5):1296 - 1302.

[5]SHI X,HAMRICK M,ISALES C M. Energy Balance,Myostatin,and GILZ:Factors Regulating Adipocyte Differentiation in Belly and Bone[J]. PPAR Res,2007:92501.

[6]ROY S W,NOSAKA M,DE SOUZA S J,et al. Centripetal modules and ancient introns[J]. Gene,1999,238(1):85 - 91.

[7]张开慧．内含子的功能及应用[J]．中国畜牧兽医,2012,39(7):80－83.

[8]聂传明．关于内含子功能简介[J]．阜阳师范学院学报(自然科学版),2001,18(3):72－73.

[9]张静,王思涵,杨印祥,等．内含子序列对 CART 基因转录调控作用的初步研究[J]．军事医学,2011,35(4):272－277.

[10]HUBE F,FRANCASTEL C. Mammalian introns:when the junk generates molecular diversity[J]. Int J Mol Sci,2015,16(3):4429－4452.

[11]SCHUELKE M,WAGNER K R,STOLZ L E,et al. Myostatin mutation associated with gross muscle hypertrophy in a child[J]. N Engl J Med,2004,350(26):2682－2688.

[12]PAN H,PING X C,ZHU H J,et al. Association of myostatin gene polymorphisms with obesity in Chinese north Han human subjects[J]. Gene,2012,494(2):237－241.

[13]段朝霞,张洁元,陈魁君,等．人多巴胺 D2 受体基因内含子区 51103T/C 多态性对基因转录活性的影响[J]．解放军医药杂志,2014,26(11):30－33.

[14]朱媛媛,安靓．人 nestin 第二内含子荧光素酶报告基因载体的构建及鉴定[J]．热带医学杂志,2012,12(6):649－651.

[15]CASPI A,SUGDEN K,MOFFITT T E,et al. Influence of life stress on depression:moderation by a polymorphism in the 5－HTT gene[J]. Science,2003,301(5631):386－389.

[16]CECCARELLI G,BENEDETTI L,GALLI D,et al. Low－amplitude high frequency vibration down－regulates myostatin and atrogin－1 expression,two components of the atrophy pathway in muscle cells[J]. J Tissue Eng Regen Med,2014,8(5):396－406.

[17]KAMILI M A,G A,DAR IH,et al. Orbital pseudotumor[J]. Oman J Ophthalmol,2009,2(2):96－99.

11 总结

本研究通过对绝经后女性进行规律的全身振动训练，探讨其对绝经后女性身体成分的干预效果，筛选出全身振动训练干预身体成分效果的敏感分子标记，并对阳性分子标记进行生物功能研究。

研究发现，3 个月的全身振动训练可显著改变身体成分，身体 FM% 显著下降，LBM% 显著上升，而对 BMD 无显著性影响。但全身振动训练时间延长至 15 个月时，振动组受试者骨密度略升高，而同期对照组受试者骨密度显著下降，两者之间差异显著。提示，15 个月的全身振动训练可显著抑制绝经后女性随增龄出现的骨量丢失。可见，3 个月的全身振动训练可以显著改变身体脂肪、瘦体重，但全身振动训练对骨密度的干预效果需要更长时间才能显现。

对全身振动训练干预脂肪、瘦体重及骨密度的效果与 MSTN、ADPN、OPG－RANK－RANKL 基因 25 个 SNP 位点多态性的关联性分析表明，MSTN 基因 rs3791783、rs7570532、rs3791782，ADPN 基因 rs6773957，以及 RANKL 基因 rs3742257 和 rs9525641，对不同基因型人群全身振动训练干预身体成分的效果显著不同，这可用于解释全身振动训练后身体成分变化的个体差异，可为个性化全身振动训练指导方案的制订提供科学的理论依据。对 MSTN 基因第 2 内含子 rs3791783 及 rs7570532 位点的生物功能研究发现，rs3791783 及 rs7570532 位点的变异可显著影响下游基因的转录活性，其可能处于 MSTN 基因的调控位点，也可能是全身振动训练干预效果个体差异产生的原因之一

本研究选择非敏感基因型 rs3791783/GA＋GG 受试者，在前期 3 个月全身振动训练的基础上继续进行 12 个月的全身振动训练，以观察长期全身振动训练对其脂肪、瘦体重的影响。研究表明，15 个月全身振动训练对 rs3791783/GA＋GG 受试者身体脂肪、瘦体重仍无显著影响。未来，可通过改变全身振动训练幅度、频率等，尝试寻找适宜此类人群的全身振动训练方案。

本研究的创新点如下。

（1）本研究首次对绝经后女性进行为期 15 个月的全身振动训练，观察其身体成分在全身振动训练影响下的连续变化。

（2）本研究首次对振动训练干预身体成分效果与相关基因多态性进行关联性分析，筛选出全身振动训练敏感的分子标记。

（3）首次构建携带 MSTN 基因第 2 内含子 rs3791783 及 rs7570532 不同基因型重组质粒，并首次报道这两个位点可能影响 MSTN 基因的转录。

未来研究方向如下。

（1）本研究通过 15 个月的全身振动训练获得全身振动训练干预骨密度效果的敏感分子标记，但样本量偏小，未来可通过加大样本量对更多的多态位点进行筛选。

（2）对全身振动训练非敏感基因型受试者可通过改变振动训练幅度、频率、单次振动时间等方式进行训练，尝试寻找适宜于此类人群的全身振动训练方案。

（3）本研究仅是推测全身振动训练干预身体成分效果的个体差异可能与 rs3791783 及 rs7570532 对 MSTN 基因的转录活性调控有关，未来可以通过对质粒转染细胞施加振动干预，验证全身振动训练对 MSTN 转录活性的影响。